LA FLOR DORADA

La Flor Dorada

La Maestría Tolteca del Ensueño y la Proyección Astral

Koyote the Blind

Gateways Books & Tapes
Nevada City, California
2019

La Flor Dorada
Maestría Tolteca del Ensueño y el Viaje Astral
© derechos de autor 2018 de Koyote the Blind (Ricardo Flores)
Edición primera
Arte de cubierta por Sharla Sanchez y Xochitl Flores
Diseño de cubierta por Gailyn Porter
Diseño de texto por Gailyn Porter
Edición de texto por Iven Lourie

Número ISBN de la edición de bolsillo: 978-0-89556-281-4
Número ISBN para Kindle: 978-0-89556-618-8
Número ISBN para PDF: 978-0-89556-619-5
Número ISBN para MobiPocket: 978-0-89556-620-1
Número ISBN para EPUB: 978-0-89556-621-8

Publicado por:
Gateways Books & Tapes / I.D.H.H.B., Inc.
P.O. Box 370
Nevada City, California 95959
(530) 271-2239
info@gatewaysbooksandtapes.com

Library of Congress Cataloging-in-Publication Data

DEDICO ESTE LIBRO A BRAHMA,
EL QUE SUEÑA EN EL PALACIO AQUEL
DONDE EL RESIDENTE ETERNO,
QUE LEE ESTE LIBRO,
SE MUEVE ENTRE SUEÑO Y SUEÑO.

Un Viajero Ha Llegado

un viajero ha llegado
acechando parajes agrestes
cerca y lejos,
nos ha dado
más que un vistazo,
de su abierta boca
un flujo de aladas palabras
nos ha plenado
con sorpresiva esperanza
y un descubrimiento de lugares
que hasta en nuestros sueños
fueron inesperados,
palabras cargadas a los cielos,
precipitándose a las profundidades
cual misteriosas criaturas
morando en océano profundo,
respira espíritu puro
del mismo interior de la vida,
nuestros ojos se han abierto,
haciendo imposible la retirada,
acarreados por sonidos
nacidos de dichos lugares
encontramos y abrimos al viajar,
tantas cámaras,
secretas para el profano,
embulladas en los misterios,
cada una con su único
e indescifrable rostro
en la casa de muchas mansiones,

es aquí que descubrimos
quien hemos siempre sido,
cada paso llevándonos
simultáneamente adentro y afuera,
revelando ante nosotros
que tan grandes somos,
liberando el corazón
para que teja un alma
que llene el mundo entero,
enseñándonos lo que significa
ser un viajero,
y caminar con aquel llamado
Koyote.

Gerald Porter

Tabla de Contenido

Agradecimientos

Un profundo agradecimiento siento por aquellos que colaboraron en la creación de este libro con su trabajo, sus enseñanzas, su apoyo financiero y moral, sus dotes artísticas, y, sobre todo, con sus aspiraciones:

A mi padre, el poeta salvadoreño, Ricardo Flores Joya, que a muy temprana edad me enseñó a rezar, luego a observarme a mí mismo, y después a cuestionar todo lo que él y los demás me habían dicho. Me enseñó a liberarme de todos los sueños. Sin su incansable cuestionamiento y silencio, no maestría sería posible.

A mi madre, Jilma Flores, cuya voz me exhortaba cada noche de mi niñez a que durmiera con los ángeles.

A Francis Fanci, un mago talentoso y devoto maestro, que me llevó de la mano en mi adolescencia a un mundo lleno de maravillas. Con él, presencié la apertura del velo y nadé en las aguas místicas del Siloam, la luz sin fronteras. Gracias for las muchas técnicas y experiencias en el viajar, y más que nada, por ayudarme a ver que ninguna agilidad es valiosa si no es utilizada para servir.

Al padre Ignacio Knörr, mi mentor Jesuita, quien me enseñó que cada sueño y cada experiencia es un dialogo con Dios.

A don Florentino, quien me enseñó que todo lo que necesito está ya dentro de mí, y quien hablaba con tanta claridad el eterno lenguaje de lo real.

A Eric Kauffman, quien me enseñó los importancia de mantener un diario de sueños; y a Rey de Lupos, quien cementó esta valiosa lección y me ayudó a convertirla en un hábito.

A Baba Hari Dass, quien reveló el misterio del soñador absoluto, Brahman, el que duerme en el palacio y sueña el ensueño del Rey del palacio: el perenne Jiva, el eterno no nacido.

A Tezaqui Güitame Cachora, my amado benefactor, quien me guió gentil y duramente a través de los viajes a los planos superiores, al conocimiento y a la conversación con los residentes del mundo espiritual, y hacia la iniciación, la comunión con la fuente de toda magia y todo bien.

A E.J. Gold, un verdadero maestro de maestros. E.J. ha sido siempre un maestro de recursos, siempre creando herramientas y guiando hacia lo que de otra manera parecerían habilidades imposibles. Su ejemplo en la persecución de la Gran Obra por el beneficio de todos los seres en todos lados estará siempre presente en las macro-dimensiones, para todos los buscadores. Quiero agradecerle también por escribir tan bello prefacio, y por ser un gran amigo y mentor para mi comunidad.

A Eric de la Parra, por escribir un ilustre prólogo, por ayudarme en la edición de este libro, y por caminar conmigo en los mágicos caminos de la ciudad de pirámides en un momento tan crucial. Y sobre todo, por una amistad tan refulgente de amor y bondad.

Al joven desconocido quien, durante una masacre cuando todos pensamos que moriríamos, me enseñó sin lugar a dudas que ese también era un sueño y que yo tenía la opción de enfrentarlo como se enfrenta la vida: tomando responsabilidad por mi experiencia y transformando el sueño en momento sagrado.

A mi hija, Xochitl, una bella soñadora que creó la pieza de arte en la cubierta del libro.

A mi hijo, Alec, quien siempre me trae juegos e historias que estimulan mi enfrentamiento con el ensueño.

A mis esposa, Celia, quien suele traer de sus sueños mensajes profundos y de buen guiar, y quien ha compartido conmigo el ensueño de toda una vida.

A Viento de Octubre, mi hermanito Carlos, quien trabaja incansablemente para que haya siempre un sueño mejor.

A Sharla Sanchez, quien siguiendo las enseñanzas de este libro ayuda a otros a construir altares del ensueño, conduce círculos sagrados del ensueño, y guía a las personas en estas técnicas.

A Gerald Porter, QEPD, por el bello poema al comienzo del libro.

A I.D.H.H.B. por dar permiso de usar la ilustración The Seven Bodies of Man, de E.J. Gold, y por publicar esta edición en español.

Finalmente, quiero expresar mi agradecimiento a mi sangha, mi familia espiritual en Xicoco. Su aspiración y dedicación hacen de estas enseñanzas no solo una posibilidad, sino un imperativo. Han ido más allá de una mera aplicación de estas enseñanzas, a un desarrollo único de la práctica. Círculos de ensueño, búsqueda de vision, temezcales, creación de altares del ensueño, caza sueños, prácticas de divination, y Tellings son tan solo algunas de las prácticas artísticas y espirituales que son desarrolladas por estos practicantes. Ellos están ayudando a llevar las enseñanzas más allá de donde las encontraron. Sin todos ustedes, nada de lo que hago tendría valor.

Prólogo en Inglés

He estado leyendo el nuevo libro de Koyote sobre el sueño y el viaje astral. El ensueño es una gran clave para el viaje astral, para la búsqueda de visión y estas misiones del alma en general. Cuando sueñas, el cuerpo está dormido, pasivo y en gran parte reflexivo, pero la atención está activa, pasando de una realidad a otra, abriendo las puertas a los viajes astrales.

El cuerpo tiene reacciones a los viajes astrales, y lo mejor es mantenerlo en un estado relajado y pasivo, de modo que no interfiera con el proceso. Hay una conexión entre el espíritu y el cuerpo, que es eterna y está presente durante toda la vida del cuerpo, y es esa conexión la que tira hacia atrás cuando hay una perturbación cerca del cuerpo o cuando el cuerpo se siente incómodo o angustiado.

Soñar es la Gran Clave, y las lecciones de Koyote te llevarán allí. Recomiendo enormemente este libro, y lo recomendaría a cualquier persona que me haga una pregunta sobre el tema – su respuesta y la mía será la misma.

Gracias, Koyote, por esta contribución bien escrita y concebida a la Gran Obra.

¡¡¡Nos Vemos En La Cima!!!

E.J. Gold

Prólogo en Español

El ser humano ha dividido las horas de su día en tres partes; definió 8 horas para trabajar, 8 horas para trasladarse al trabajo, tomar sus alimentos y tener alguna distracción y 8 horas para dormir y soñar. Si revisamos en conjunto esta situación, por todos conocida y nos detenemos en el factor más básico y simplista, quiere decir, que los humanos, solo ocupan el 60% por ciento de su tiempo para vivir su vida, ya que el periodo de sueño, simplemente no tiene consciencia ni voluntad en el mismo. ¿pero a qué se debe esta poca importancia al tiempo y espacio onírico, aunque en ello vaya implícito perder un tiempo valioso de vida y experiencia trascendente?

Aunque hay ciertos estudiosos que han buscado prestarle atención al mundo de los sueños, como Sigmund Freud, que desvirtuó completamente ese fenómeno Onírico, con sus aseveraciones del lívido, represiones sexuales y psicológicas, y con ello generó una desestimación sobre este tema, que pudiera haber sido un estímulo para que buena parte de la humanidad pusiera atención en la puerta de sus sueños. Otros autores, como Carl G. Jung, penetra y le da cierta importancia, pero lamentablemente se quedo corto en la trascendencia que tiene este portal. Podríamos mencionar a varios científicos y escritores al respecto, pero a pesar de su esfuerzo mejor orientado, que el que tuvo Freud, no lograron generar un espacio en la cultura de la vida habitual de los seres humanos, condenando a la raza humana a un andar sobre la existencia, completamente subutilizada, sin atención ni consciencia, y sostenida en un plano de competencia y comparación, y que con ello, simplemente la hunde en procesos de dolor e infelicidad.

La vida humana, se sustenta en la creencia de la eficiencia del cerebro, y se cree que ya es un don el nacer con todos nuestros órganos desarrollados a plenitud, por lo que no se ocupa, en la gran mayoría, de estudiarse a si mismo como individuo, para poder aprovechar mejor todas las cualidades a las que tenemos derecho como especie, dentro del circulo evolutivo en este planeta. Las consecuencias ya las conocemos, violencia, dolor, falta de amor, tristeza, incomprensión, afán de conquista y destrucción. El ser humano vive en una infelicidad constante, que lo ofusca y que desaprovecha todos los recursos para viajar en forma permanente en el camino del autodescubrimiento.

Esa falta de consciencia resultante, hace que con desesperación se aferre a creencias que los llevan a tener "sueños ordinarios", en los que únicamente repite las vicisitudes de su vida diaria, llena de deseos y frustraciones, contaminando dramáticamente el espacio de los sueños y obvio al mirarlos, en el estado de vigilia, simplemente ve un espejo de los que él mismo es, ha sido y será, si no es que sucede algo que pueda cambiarle su historia.

Es tan dramático este planteamiento, que es muy fácil para el ser humano perderse en la distracción diaria de la vida, que lo aleja abismalmente del encuentro más importante que puede tener en su existencia, y es con el encuentro con él mismo y su mundo mágico.

Esto lo describo mejor a través de una metáfora de Nasrudin, un personaje oriental.

Nasrudín tenía una casa en la montaña, donde se iba de retiro ocasionalmente, para descansar, reflexionar o simplemente para pasar unos días oxigenándose en esas montañas.

Uno de esos días le comenta a un amigo que va a irse a las montañas y que piensa regresar en unas dos o tres semanas, pero el amigo al escuchar a Nasrudín le reclama…
--porque siempre que vas a las montañas nos dices que vas a tardar unas semanas en regresar y siempre estás ya aquí a los pocos días, no entendemos porque nos tratas de mentir con eso.
--no, no les miento en verdad –responde Nasrudin —lo que pasa, es que tengo contratada para que cuide mi casa en la montaña, a una señora que es muy, pero muy fea.
--y eso que tiene que ver --replica su amigo—
--cómo que tiene que ver, eso es todo --dice Nasrudin- --mira, escucha bien, yo sé que la señora es muy fea, así la veo cuando llego

el primer día, pero conforme van pasando los días, al segundo día ya no me parece tan fea, y al siguiente día ya la noto, sólo un poco desagradable, al siguiente día, ya la empiezo a encontrar en ciertos momentos simpática, al siguiente día, ya incluso la empiezo a ver con cierto atractivo, al siguiente día ya comienzo a tener hasta sueños eróticos con ella y cuando eso me pasa, inmediatamente tomo mis pertenecías y salgo huyendo de regreso para acá.

--pero, ¿por qué? --pregunta su amigo

--simple, --responde Nasrudin-- --yo se que esta muy fea y si me quedo más tiempo allá, voy a estar creyendo que esta muy guapa y puedo terminar casándome con ella; sólo regresando puedo despertar de esa falsa ilusión que se me está formando en las montañas.

A través de esta metáfora, se puede comprender el gran "sueño" de la humanidad, nos hemos quedado atrapados en una "realidad", que ya nos acostumbramos a ella y hasta nos parece bella y desafiante, o si no, simplemente la hemos aceptado como especie humana y como parte intrínseca de los hombres. Incluso la violencia ya la "embotellamos" y la exportamos a través de programas de televisión, películas, comedias, periódicos, etc., y es como la "sal" que sazona la mayoría de nuestras conversaciones. O sea ya estamos "casados", con una horrible "realidad", y para ayudarnos a aceptarla, pues creamos dioses, que han definido el destino de la humanidad, donde los hombres no pueden hacer absolutamente nada, sino aceptar el designio divino.

Y para los pocos que van "dándose cuenta" de esto, pues se han creado una serie embustes, para que caigan en los diferentes caminos de "liberación" que ofrece la mercadotecnia de la salvación.

También a través de otra historia te comparto un reflejo de lo descrito anteriormente.

Una tarde la gente vio a Rabiya (mujer muy inteligente y espiritual) buscando algo en la calle frente a su choza. Todos se acercaron a la pobre anciana, ¿Qué pasa? -le preguntaron-

¿qué estás buscando?.
—Perdí mi aguja, dijo ella.

Y todos la ayudaron a buscarla. Pero alguien le preguntó: —Rabiya, la calle es larga, pronto no habrá más luz. Una aguja es algo muy pequeño ¿por qué no nos dices exactamente dónde se te cayó? —Dentro de mi casa, dijo Rabiya.
—¿Te has vuelto loca? -preguntó la gente-Si la aguja se te ha caído dentro de tu casa, ¿por qué la buscas aquí afuera?
—Porque aquí hay luz, dentro de la casa no hay.
—Pero aún habiendo luz, ¿cómo podremos encontrar la aguja aquí si no es aquí donde la has perdido? Lo correcto sería llevar una lámpara a la casa y buscar allí la aguja.

Y Rabiya se rió.
—Son tan inteligentes para las cosas pequeñas. ¿Cuándo van a utilizar esta inteligencia para su vida interior? Los he visto a todos buscando afuera y yo sé perfectamente bien, lo sé por mi propia experiencia que lo que buscan está perdido dentro. Usen su inteligencia ¿porqué buscan su verdadera realidad y la felicidad en el mundo externo? ¿Acaso lo han perdido allí?.

Se quedaron sin palabras y Rabiya desapareció dentro de su casa.

Efectivamente, las personas andan buscando la felicidad, a Dios, la tranquilidad, la paz, el amor, la armonía, la seguridad y a ellos mismos en el mundo, al que le han dado el título de la "realidad", sin darse cuenta, que simplemente esa realidad es el resultado del conjunto de valores, creencias, ideas y cultura que tienen y que en conjunto crean la percepción que es programada en nuestros cerebros y administrada por la zona del Sistema Activador Reticular, quien define qué estímulos son los que crearán la realidad ajustada a nuestro programa personalizado. A eso se debe que cuando alguien te diga que no te das cuenta de la realidad, míralo y pregúntale ¿qué realidad?¿la tuya o la mía?. La realidad es particular, cada uno tiene una realidad distinta a la del resto. Y es por lo que cada uno tiene cargado en el programa del cerebro.

Recuerda esta frase, puede ser muy útil en tu anhelo de sacudirte la ilusión.

"Nadie cambia ni intenta algo diferente, si cree que esta actuando bien en su vida"

Bueno, sin embargo, en el inicio te comentaba, que los estudiosos, científicos, psicólogos, no lograron impactar a la cultura de tal forma que el ser humano, pudiera utilizar habitualmente el espacio onírico, para descubrirse y encontrar una zona de enorme trascendencia para su vida. Hoy en día, esa zona, análogamente es como nuestros mares, es parte fundamental del origen de nuestra vida, y del equilibrio homeostático, sin embargo, está completamente contaminada con tantos desechos de los programas que conducen a los hombres, que indudablemente se convierte en una pesadilla, soñar lo mismo que haces en la fantasía de tu diario vivir. En otras palabras, es muy difícil que se vea como una puerta de acceso a otras realidades (dimensiones), ya que no tienen la idea del gran tesoro que se encierra ahí.

Algunas etnias si trabajaron la importancia y descubrieron que los sueños son un tremendo portal que te da acceso a otras realidades y dimensiones que te permiten conocerte a ti mismo, descubrir mucho de tu verdadero origen y dotarte de recursos para impactar en todas las dimensiones tu vida y trascendencia humana.

Por ejemplo los antiguos Toltecas en México, fueron extraordinarios "Ensoñadores" (para diferenciar el concepto de soñador de la persona que tiene los "sueños ordinarios", el ensoñador, es aquel individuo que entra en el mundo onírico con un grado de consciencia y le permite hacer uso de su voluntad consciente, para moverse en esas dimensiones en atención, y así poder soñar su sueño, y a diferencia del soñador ordinario que son soñados por su sueño), los Huicholes en México, los Mayas, los Incas en Perú y algunas tribus de Norteamérica, donde se guarda la tradición de aprovechar esos estadios para mejorar la vida diaria y a la persona en su proceso social; incluso en algunas tradiciones orientales formaban parte de procesos de iniciación.

Gracias a esa herencia, es que hoy en día tenemos acceso a esta clase de conocimientos, que a través de una disciplina, compromiso y trabajo personal se puede lograr descubrir una parte trascendente para el ser humano que permanecía escondida entre el montón de cosas de las cuales no reparamos en atención. Es como el caso de las pirámides que han venido descubriendo en los últimos años, y que han estado ocultas bajo la construcción de una iglesia o simplemente bajo el polvo centenario del paso de los años.

Entre los "brujos" Yaquí, refieren al trabajo con los sueños, como una de las avenidas al Poder y le conceden una importancia fundamental dentro de todo su sistema de conocimiento. Les llaman ensueño, al sueño del que sueña sin perder del todo la consciencia y que empieza cuando nos damos cuenta que estamos soñando.

La ensoñación bien entendida, no se trata del sueño corriente. Los sueños corrientes son sueños sin poder. Al comienzo el ensoñador debe aprender a elaborar el sueño. La atención es, en efecto, la llave de los mundos: el arte de ensoñar es el arte de la atención.

Para guiarse durante el ensueño se utiliza una facultad distinta a la razón: la voluntad y el cuerpo consciencia-energética. Este poder, cuyo centro está debajo del ombligo donde se encuentra la energía del aliento, permite dirigir el ensueño.

Si lo sueños ordinarios carecen de poder, ensoñar es transformarlos en hechos que implican la voluntad al comprometer la "atención" y enfocarla sobre ciertos acontecimientos de los sueños ordinarios, cambiando sus sueños en ensueños.

El sueño ordinario depende de la función fantástica, como la visión de la vigilia. Y de la misma forma que ésta es real, pero carece de poder, el sueño ordinario es real, pero también está desprovisto de poder. No se puede actuar deliberadamente al respecto.

Su falta de poder obedece al hecho de que la voluntad no entra en juego. La voluntad se define como lo que empuja a la energía de nuestro ser total a producir algo más allá de los límites de lo posible y poder transformar la imagen de un ser luminoso en cualquier otra cosa.

La atención exclusiva al cuerpo físico hace que los sueños ordinarios sean imágenes diseminadas y caóticas, puesto que la "segunda atención" no interviene para ordenarlos y utilizarlos.

En otras palabras, nuestra mente inconsciente, se vería altamente afectada positivamente, para reestructurar nuestra "realidad ordinaria", y convertir todo el sueño, tanto en vigilia como nocturno, como una experimentación de nuestra vida, no como lo que es, sino tocando las potencialidades dimensionales de todo lo que podemos llegar a SER.

Una de las reorganizaciones mentales, que logramos a través del uso del espacio onírico es, la eliminación o reducción de las creencias. Haciendo una pequeña acotación, revisemos la palabra en Ingles Believe=creer, Be= ser o estar, Lie=mentira, Ve/live=vivir; en conjunto podemos traducirlo como "estar viviendo en una mentira", y así son las creencias que esclavizan al ser humano de forma deliberada y gracias al trabajo en los sueños uno puede traer grandes beneficios en nuestra vida para llenarnos de consciencia y buscar darnos cuenta y vivir en la "verdad".

Recuerdo una plática con un gran amigo, que me decía, "cuando un hombre muere, entra en aquello en lo que cree. Por eso decimos que creemos en algo, pues creer es entrar en nuestras creencias. Lo que creemos da forma a nuestra vida y así interpretamos lo que vemos según nuestras creencias. Los sueños son muy importantes porque nos muestran las clases de creencias de las que estamos hechos". Creer en algo, en lo que sea, es meternos "un fragmento del universo en el bolsillo", y pensar que tenemos la clave para comprenderlo todo. Este es la fantasía de la que el hombre debe despertar. Todo el universo no es más que un "sueño" para nosotros, pues "soñamos" el universo, no lo vemos, no lo vivimos en sus incontables dimensiones. La puerta del mundo onírico, tal cual originalmente es, nos da acceso a vivir y a descubrir un espacio no fenoménico y fenoménico, que indudablemente transformará nuestra vida.

Quizás podamos descubrir que fuimos viajeros inter dimensionales y un día llegamos a lo que ahora le llamamos realidad y nos quedamos atrapados como lo comentaba en la metáfora de Nasrudin, y ya hasta olvidamos, de ¿dónde venimos?, ¿cuál es nuestra misión en esta realidad y quienes somos?.

Aquí precisamente, entra el enorme valor de este libro "LA FLOR DORADA", de mi apreciado amigo Koyote the Blind (Ricardo Flores), ya que recoge una preciosa herencia, ya muy experimentada por su persona y nos obsequia a través de las páginas de este libro la información, los conocimientos y los ejercicios correspondientes que nos permiten explorar el mundo onírico de las dimensiones.

La lectura página por página, apreciado lector le hará sentir, no que está leyendo una serie de palabras sobre un espacio textual, sino que, esta en presencia de Koyote, portador de una herencia tan comprometedora, donde podrá percibir el trabajo, el intento, acecho, trascendencia y evolución de grandes seres que nos han precedido, y que nos gritan desde todas las dimensiones, que llegó nuestra hora de sacudirnos de la ilusión de una realidad, que en verdad, es una fantasía y que nos ha mantenido presos por muchos años, robándonos nuestra energía, nuestro recuerdo de quiénes somos y del lugar al que pertenecemos.

Cuando Koyote, me solicito escribir el prólogo, todavía yo no dimensionaba el contenido del libro, pero apenas lo recibí, empecé a leerlo para empaparme de la temática, pero cuál sería mi sorpresa, que no me encontré con un libro, sino con una herencia, tan trascendente que página, tras página, la leía, la releía y ejecutaba los ejercicios, buscando respirar y absorber las palabras, emociones, experiencias y sobre todo el espíritu que existe en cada rincón de La Flor Dorada, que está vinculado con las fuerzas del universo que te devolverán a tu fuente.

La Flor Dorada, esta escrito de tal forma que experimentas estar en presencia de Koyote the Blind, escuchando sus indicaciones y sus silencios, descubriendo sus emociones, por la experiencia que anhela puedas tomar y aplicar en tu vida. Ya que sabemos, que los seres de conocimientos, se niegan a enseñar, ya que es tan sublime el conocimiento trascendente, que sólo se puede entregar como herencia, a los verdaderos hijos de la esperanza.

El libro consta de una estructura que te "lleva de la mano", punto por punto, y es soportado por ejercicios que te permiten corroborar lo descrito, de tal forma que arriba al concepto de un escrito práctico, apoyado con una argumentación científica que las neurociencias, hoy en día lo avalan.

El hecho de que usted, apreciado lector tenga este libro entre sus manos, considere que el universo le está dando una oportunidad para que a través de lo incalculable que nos aporta y obsequia Koyote, tengamos la oportunidad de vislumbrar el otro universo, que indudablemente va a demandar de cada uno de nosotros, entregar lo mejor de si mismos y de nuestra experiencia a vivir, para crear nuevos caminos para los seres que nos continuarán en esta gran aventura que es la vida, no sólo física, sino con todos los cuerpos existenciales de nuestro ser.

Al aceptar este conocimiento quedarás completamente comprometido, no sólo con Koyote the Blind, sino principalmente contigo mismo y la herencia que representa la vida de tantos seres reales trascendidos que fueron viajeros del espacio no fenoménico de los sueños.

En hora buena Ricardo, gracias por tu aportación a esta humanidad, a través de cada pétalo, que con su perfume, sensibilidad, movimiento y profundidad, hay palabras escritas y no escritas de conocimiento, que en su totalidad conforman la Flor Dorada.

Eric de la Parra, Ph.D
Consultor-Conferencista y escritor

Prefacio

El mundo de los sueños estaba fuertemente presente en mí cuando era tan sólo un bebé, y se podría decir que siempre ha sido tan real para mí como la realidad física del despertar. Al principio, entrené para explorar mis sueños y mis propios límites. Aprendí a despertar dentro del ensueño y, en ese estado lúcido, a enfrentar los límites de mi imaginación para experimentar todo y realizar todo. Enfrenté todos mis temores, y esta actitud me ayudó a confrontar una realidad física, a veces cargada de peligros, incluso de horrores. Sin embargo, la belleza que encontré en mis experimentos del ensueño también me ayudó a encontrar una asombrosa belleza en mi vida.

Tan portentoso y glorioso como lo fue el soñador paisaje de mi infancia, los resultados más enriquecedores vinieron de desafiar mis límites. Las experiencias al soñar no eran sobre lo que pude experimentar, sino sobre explorarme a mí mismo, los límites de mis propios miedos, la naturaleza de mi conciencia, y en última instancia, la verdad sobre mi ser.

En algún punto en la vida, aprender a soñar se convirtió en el aprender a vivir. Los maestros, que tuve la suerte de conocer, fueron guías impecables en ambos reinos, y con su madurez y comprensión, pude ver que las experiencias del estar despierto y del soñar, en realidad, son las mismas; que estaba siempre, experimentando un entorno. Me di cuenta de que tenía dos mitades, el soñador y el avatar creado en cada ensueño. Me di cuenta de que la personalidad que había desarrollado para navegar por el mundo al estar despierto era un avatar más, no era diferente a la creada para navegar por los sueños y los planos superiores de la conciencia. Estaba viviendo muchas vidas, y era cada vez más consciente de que siempre existiría en muchos planos y que la existencia sigue la naturaleza de los sueños.

En este punto, decidí explorar los mundos más allá de mi propia imaginación y sueños, tratando de experimentar esos reinos existentes más allá de los límites de mi propio cuerpo físico.

Alrededor de los doce años, empecé a tratar de salir de mi cuerpo y conocer el mundo del plano astral. Pasé por un tiempo difícil para poder lograr esto correctamente. Lo intenté durante años, práctica tras práctica, hasta los dieciséis años, que tuve éxito en esa área; y desde entonces, he estado explorando el soñar y los otros planos.

Luego, a los 30 años, conocí a mi benefactor, un Nahual Yaqui-Lacandon que me enseñó todo tipo de técnicas y me dio mucha experiencia en el viaje a través de los planos. Tomó mi talento en bruto y lo llevó a los límites, creando conocimiento interior y un acceso a la gnosis. Me mostró cómo contactar con la fuente de todo poder y todo conocimiento, y en este empeño dominé el arte de los sueños y los secretos de volar a través de los planos superiores de la existencia.

Después de enseñarle a un grupo cercano de estudiantes este antiguo arte, me han pedido muchas veces escribir mis conocimientos y experiencias. Así es como se concibió este libro. Es un manual sobre el arte del ensueño y el dominio del plano astral. Y aún más que eso, es un tomo en el yoga de los sueños, el logro a través del sueño.

Llamo a este libro La Flor Dorada por la naturaleza de la esencia detrás de toda experiencia y todo sueño. El capítulo que se encuentra en la sección tres, bajo el mismo nombre, describe esta experiencia fielmente.

Este libro contiene un relato de mis experiencias y ejercicios, y el conocimiento que adquirí por un linaje chamánico tolteca, por las escuelas de misterios occidentales, y por el linaje tántrico en que también fui iniciado.

Este libro no sólo contendrá la teoría, sino también las prácticas o ejercicios para que usted logre dominar esta área. Es el resultado de 40 años de práctica, formación y trabajo intenso en una tradición tántrica shaivica, un linaje chamánico tolteca, y varias escuelas esotéricas de los misterios occidentales.

La Flor Dorada es una obra tanto práctica como académica, desarrollada en prosa poética y diseñada para ser clara e iluminar la mente consciente, mientras acciona un factor despierto en la mente inconsciente que permitirá al practicante alcanzar altos niveles de conciencia, lucidez, y habilidades para el viaje y experiencia a mayores dimensiones. Es mucho más que una lectura interesante; es una herramienta diseñada para proporcionar capacidades y cambios claros y definidos, en el lector. Aprenderá a través del texto a:

- Soñar con mayor claridad y donimar este arte.
- Usar su sueño para buscar respuestas, orientación, y gozo; y para avanzar en su vida al estar despierto y en el camino espiritual
- Desarrollar un cuerpo etérico con el que se puede viajar a cualquier parte del mondo.
- Desarrollar un cuerpo de luz que puedo desprenderse completamente del cuerto físico y utilizarse para viajar a los planos superiors de la existencia.
- Utilizar tecnicas para moverse incluso con el físico a traves de otros mondos
- Despertar los sentidos psíquicos para percibir e interactuar con el mundo invisible infinito a su alrededor..

La información contenida en este libro es el resultado de la experiencia, aprendizaje y experimentación. También contiene ejercicios probados que se imparten en sesiones privadas, conferencias públicas, y numerosos talleres y cursos intensivos ofrecidos en los últimos doce años.

En mi interacción con aquellos soñadores maestros que han sido mis mentores y maestros, verdaderas luminarias, en este mundo y más allá, he aprendido una y otra vez que las enseñanzas verdaderas no pueden impartirse por la mente racional ordinaria.

Don Florentino siempre hablaba de un lugar que parecía resonar dentro de mí, como si él estuviera hablando desde el silencio más íntimo dentro de mí mismo, así como desde las afueras de mi experiencia sensorial. Escucharlo era participar en su sabiduría, y cada palabra era entendida con sus detalles más finos, como si hubiera tenido la oportunidad de reflexionar plenamente en ella.

Alejandro Jodorowsky me mostró el poder del arte onírico, los arquetipos que los poderes curativos y transformadores tienen para comunicarse con el cuerpo, y cómo participar en este lenguaje arcano de la no-consciencia a través del arte y el rendimiento.

E. J. Gold me mostró el arte y la tecnología de crear espacios sagrados, y las sutilezas de tomar un grupo de personas y viajar a través de mundos, dimensiones y líneas de tiempo diferentes. Cada vez que pensaba que esto sería algo imposible, me mostraba cómo hacerlo, y cada visita disparaba saltos en la capacidad de viajar, soñar, y transformar.

Por último, Cachora me entrenó durante dos años intensos en muchas disciplinas chamánicas, y su entrenamiento también era, simultáneamente, sobre el estar despierto y el soñar. Se convirtió en una segunda naturaleza verlo y oírlo en ambos mundos al mismo tiempo. Integrar todas sus enseñanzas y unificar estos dos reinos fue lo que concluí al entrenar con él.

Después de mis encuentros con estos hombres de poder y conocimiento, era imposible considerar un taller en el que sólo explicara algunos ejercicios y compartiera conceptos acerca del ensueño. Cada taller intensivo que impartí, tenía que hacerlo como ellos lo hicieron para mí: tuve, para rendir homenaje y honrar a los maestros que había tenido delante de mí, hacer algo más que enseñar a la mente racional ordinaria.

Por eso, crearía un espacio al estar despierto, así como al soñar, un espacio que protegiera y contuviera a los soñadores, en el que pudiera guiarlos en el arte de viajar, experimentar y tener un encuentro con el poder. Cada evento intensivo, entonces, se convirtió en una experiencia extraordinaria para cada participante, donde estas técnicas podrían transportarlos a través de una experiencia real, sin mediación.

Cuando revisé la posibilidad de escribir La Flor Dorada, quería que fuera tan útil como un entrenamiento individual conmigo. Quería que el libro fuera mucho más que una introducción a las ideas y técnicas del ensueño, que se convirtiera en una herramienta y un artefacto sagrado mediante el cual el estudiante pudiera acceder a los reinos superiores de la experiencia, y a través del cual las enseñanzas pudieran acceder a ellos mismos.

Por eso, La Flor Dorada, ha sido diseñado para activar la experiencia del más alto sueño, del viaje astral y del camino del infinito. Este libro contiene, también, una puerta de iniciación a la inteligencia superior que guía a la humanidad, y que yo tuve la suerte de haber encontrado en planos superiores, así como en la presencia de guías impecables.

Creo firmemente que los seres humanos son libres de ambular por esta tierra en su cuerpo físico, en sus cuerpos astrales, en su forma etérea, para cambiar y moldear lo que quieran y volar en los planos superiores de la existencia, para aprender, crecer y evolucionar espiritualmente. La Flor Dorada es, por sí misma, una herramienta que le permitirá dar lugar a estas experiencias. La lectura será un acto mágico y sagrado, y le enseñará de manera práctica y en forma experimental. Ayúdeme en mi tarea de ofrecer estas enseñanzas al mundo mediante la práctica de estas técnicas y el dominio de sus sueños. Es algo bueno para el mundo ver estas enseñanzas, en este momento.

Para recibir todos los beneficios completos contenidos aquí, le animo a leerlo de principio a fin una vez, como cualquier libro. Luego, lea los capítulos que llamaron su atención. Practique los ejercicios que le gusten y que estarán remarcados, para su fácil localización. Después de un tiempo, notará un cambio dramático en sus sueños. Debe mantener un diario de sueños, y cuando note que los sueños están cambiando, vuelva a leer el libro. Notará que obvió muchas cosas la primera vez.

El libro está dividido en tres partes. La primera parte contiene teoría y ejercicios diseñados para ayudarle a explorar los sueños y dominarse a sí mismo, en cualquier sueño. La segunda parte plantea la familiaridad con los sueños y lleva al lector a conocer y, eventualmente dominar, la capacidad de moverse más allá de los confines del cuerpo físico y viajar a los planos superiores de existencia. Es, en estos niveles, que la conciencia comienza a experimentar una vida eterna y más allá de los confines de la forma humana. La tercera parte es una colección de enseñanzas de nivel superior. Son narraciones de iniciación, y leerlas en voz alta o en silencio meditativo disparará los conocimientos que reposan en su interior y las experiencias de su espíritu a lo largo de las muchas estancias a través de innumerables encarnaciones.

Lea los capítulos de la tercera sección con toda la atención y sin distracciones. Lea cada palabra como si hubiera un mundo en sí mismo. Sienta el eco de cada palabra, independientemente de que la comprenda. La lectura en sí disparará experiencias iniciadoras.

En algún momento, si toma estas enseñanzas con el corazón, se dará cuenta de que este libro es una verdadera herramienta con la cual podrá acceder a un mayor conocimiento de cómo soñar, cómo vivir, cómo morir, y cómo alcanzar la libertad.

Introducción

¿Qué es un sueño? Es un viaje entre un silencio cargado y el preludio del amanecer.

¿Qué es, entonces, un sueño? Es la totalidad de la experiencia, la unidad del ser y el no ser. Es la percepción no lineal del gran misterio.

Un sueño es lo que realmente somos al enfrentar la inmensidad del vacío. Es el curso de la vida, la isla de la existencia en un océano de eternidad. Un sueño es el punto de vista que el soñador crea en su comunión con el ser.

Cada noche nos enfrentamos a la muerte; la disolución de la identidad mientras nos desprendemos de la necesidad de ser; y cada noche nos llevamos a nosotros mismos fuera del misterio de la muerte, encontrándonos en medio de un ambiente que llamamos "sueño" al despertar. Y, a este sueño llamamos "realidad", mientras vamos a través de él.

Un sueño es, entonces, la realidad recordada que dejamos atrás. Una realidad no es más que el sueño que estamos experimentando actualmente.

Cada sueño surge de la gran oscuridad de la conciencia que conocemos como *La Que Duerme*: una conciencia sin principio ni fin, sin identidad, sin punto de vista. Surge, sin saber cómo, creada en el misterioso vientre de la Madre, animada con un propósito que aún no comprende incluso al lograr dicho propósito. El sueño creado está impregnado con la semilla del Padre, ese propósito oculto que surge de la voluntad de la gran conciencia desinteresada, "La Que Duerme" que se le llama Soñadora cuando se sueña, pero no es Nadie en la profundidad al dormir más allá del sueño y despertar.

¿Qué es el ensueño? Es un palacio creado con todas las posibles experiencias que han tenido todos los seres en todas partes. El

soñador es el residente del Palacio. El verdadero ser está oculto en quien duerme. Quien duerme es el soñador que sueña, oculto e invisible, y no está afectado por un orden diferente de la realidad. El soñador en el Palacio es Brahma, Ometeotl, el Absoluto. El residente del Palacio es el experimentador, el viajero, Hadit, Atman.

Usted es la totalidad del todo, es la fuente oculta de toda experiencia, el experimentador, y el medio ambiente que llamamos el ensueño.

¿Qué es el ensueño? Es la totalidad de todas las experiencias posibles, y dominar el arte del soñar, es dominar el arte de la vida, de la existencia, es dominarse a uno mismo en su forma más real. Para que un sueño no sea sólo lo que sucede en la noche al descansar, sino, que sea lo que se experimenta en cualquier nivel de la conciencia. Ya sea un perro o un dios, usted está, de hecho, en un centro de experiencia experimentando un sueño. Aprenda a controlar sus sueños. Esto se logra aprendiendo a dominarse a sí mismo al soñar, a dominar sus percepciones y su intención.

Esa es la intención de La Flor Dorada, guiarle paso a paso en todos los niveles de su ser para adquirir el hábito esencial y eterno de saber que está en el ensueño, de recordarse a sí mismo como el soñador, y de dominar sus percepciones para comprometerse conscientemente con el ensueño.

Hay dos formas posibles de comprometerse conscientemente con el ensueño:

1. Usted puede experimentarlo y, como un jugador, llevar a cabo su intención dentro de él: cumplir misiones, luchar, navegar, conocer personajes, etc. En otras palabras, en cada sueño, como en cada juego, puede experimentarlo, aprender de ello; y, sobre todo, hacer su voluntad al aplicar sus habilidades y el ingenio a la naturaleza del medio ambiente, y de esta manera tratar de lograr su Voluntad.
2. Usted puede despertar.

Usted puede ajustar la intensidad de su experiencia. Todo lo que existe sigue las leyes de la vibración, polaridad, y ritmo. Todo lo que se puede percibir o medir de alguna manera está sujeto a estos principios. Por lo tanto, el soñador puede aprender a aumentar o reducir la escala de su propia percepción, es decir, puede asumir más o menos información. Es como ajustar el lente de su conciencia al manipular su atención.

Puede pasar a una escala superior de vibración, que en efecto cambia el entorno en el que se encuentra. Se trata de una técnica chamánica del más alto nivel, pero es muy fácil de realizar una vez que se acostumbre. Subir y bajar es cómo un chamán se mueve entre los planos de existencia, cambia de forma, y aprende a acceder información que aparentemente no está disponible para los demás.

Siguiendo los principios que se enseñan en este libro, podemos aprender a llevar nuestra existencia a mayores grados de maestría, hasta que llegue un momento en que seamos dueños de nuestra propia experiencia. Esto es magia, definida por Aleister Crowley como "causar que el cambio ocurra conforme a la Voluntad."[1]

Comprender los principios de los sueños implica comprender las leyes del universo, y controlar la experiencia que tenemos, significa controlar nuestras percepciones. Este dominio sobre el ensueño es lo que este libro busca. Sin embargo, este cambio en conformidad a la voluntad puede tomar una dirección interna o una dirección externa.

En cualquier experiencia dada, usted puede transformar el sueño (o sea, la parte externa de la experiencia) o el soñador. Este es el dominio de la magia externa, de la hechicería. Es el centro de la filosofía Telémica: "Hacer su voluntad". También puede transformarse a sí mismo, lo cual está al centro de todos los sistemas místicos y superiores de la alquimia. De hecho, la auto-transformación es el núcleo oculto de "Hacer su voluntad", porque es el centro oculto

---

1   *Crowley, Aleister. Libro ABA: Magia En Teoría Y Práctica. Pág. 126.*

de la naturaleza real de la voluntad real. Para lograrlo, usted tendrá que identificar el centro de su naturaleza real, y no con hacer de la experiencia externa. Esto siempre ha sido una parte integral de las enseñanzas de los toltecas, para aprender a ir a través de un sueño sin cambiarlo, pasar por una habitación sin dejar rastro, hacerse invisible y sin importancia.

¿Por qué? Precisamente porque hay un momento en el que es importante entrenarse para guiar nuestra intención y todos nuestros recursos hacia la transformación interior de la conciencia propia y de nuestro ser. Toda la atención se coloca en transformarse uno mismo, dejando que el sueño se desarrolle como debería. Este es el significado esotérico de "dejar que los muertos entierren a los muertos", dicho por Jesús al hombre que quería retrasar su trabajo espiritual hasta enterrar a sus padres.

Por supuesto, en la práctica, un cambio unilateral ocurre muy raramente. Los cambios en nuestras circunstancias externas pueden llevar a observaciones y cambios dentro de nosotros; y transformar lo que somos, o incluso cómo nos vemos, puede dar lugar a cambios en el mundo que nos rodea.

El soñador maestro debe aprender, entonces, a equilibrar el exterior y el interior, igualmente a dominar el ensueño, así como el ser, y crear una sinergia entre ambos para que uno inicie al otro y viceversa. Los cambios de conciencia activan cambios en la esfera de influencia de uno mismo, y reordenan las condiciones externas que conducen a cambios internos.

En todos los casos, el trabajo de dominar el ensueño es tanto interno como externo, aumentando los grados de sutileza y gradación, hasta que adquiramos el hábito esencial y eterno de ser conscientes.

Debería estar claro ahora, que La Flor Dorada no es sólo sobre el sueño que tenemos al dormir. También se trata del sueño que tenemos cuando estamos viviendo cualquier experiencia, de los sueños de las vidas y experiencias inconscientes, de los sueños de la vida ordinaria, de los sueños conscientes de viajar a través de los planos superiores, del ensueño cósmico de la totalidad de la existencia misma.

Su contenido presenta la enseñanza y práctica para obtener el dominio sobre el sueño en todos sus niveles, y, finalmente, ganar el dominio al despertar.

Más allá de cualquier experiencia, es estar en el despertar. Hay gradaciones al despertar, que van desde darnos cuenta de que estamos soñando (lo que implica que estamos lo suficientemente despiertos como para saber que estamos en un sueño) hasta dejar totalmente de soñar, un estado perteneciente a un ser para quien la existencia misma parece como un sueño, en comparación a un estado más allá, que es el verdadero despertar.

Cualquier tipo de experiencia es parte de un sueño, en cualquier nivel o plano de la existencia. Por encima de todo, está la plenitud tranquila del Vacío, el Mundo Despierto.

La Flor Dorada es el libro del despertar. Es una enseñanza completa usando el método de la experiencia. Es la base del Tantra, el corazón de todo Yoga. Es para alcanzar el estado del despertar dentro de cualquier sueño; y más allá del sueño y del estado del despertar espera la Flor Dorada del Jardín de la Casa Absoluta.

Angel's Orb
Sharla Sanchez

Parte 1: En El Jardín De Los Sueños Crece La Flor De La Experiencia

*"Las experiencias al soñar no eran sobre
lo que pude experimentar, sino sobre
explorarme a mí mismo,
los límites de mis propios miedos,
la naturaleza de mi
consciencia, y en última instancia, la
verdad sobre mi ser"*

SIN MIEDO

"… dominar el arte del ensueño, es dominar el arte de la vida, de la existencia, es dominarse a uno mismo en su forma más real".

Empecé a trabajar en los sueños cuando era muy joven. Era un niño de cuatro años de edad y vivía en El Salvador. Estaba teniendo sueños perturbadores recurrentes en el que moría. En el sueño, volaba, y el vuelo me daba un tremendo placer, pero también un pensamiento contraproducente. Tenía la idea de que me iba a caer. ¿Acaso surgía ese pensamiento porque yo sentía la tensión de las conversaciones a mí alrededor sobre las injusticias sociales y de represión militar que parecían llevar a una guerra inevitable? ¿Serían acaso los recuerdos persistentes de mi nacimiento, cuando me vi volando libre en los éteres superiores entre encarnaciones, sólo para verme a mí mismo hacer un movimiento en falso que me haría caer y quedar atrapado en una matriz orgánica de material eléctrico llamada "el sistema nervioso humano"?

Podría ser una suma de factores, pero en ese momento me sentía simplemente más abrumado por estos sueños. El vuelo inicial se sentía como la libertad y el poder, pero la idea de la caída venía, y como es habitual en los sueños, un pensamiento es un comando direccional. Cada vez, me caía, y la caída traía miedo. Entonces despertaba antes de caer al suelo, sudando y temblando, con mi corazón palpitando.

Mis sentidos se abrieron mucho en ese momento. Empecé a ver el mundo invisible a mí alrededor y, sin que nadie me guiara, estaba lleno de pánico y terror. Empecé a temerle a la muerte, imaginando mi cuerpo descomponiéndose y siendo devorado por los gusanos. La oscuridad llegaba con los sonidos de la noche tropical, y yo estaba en cama con mis sentidos abiertos y mi sistema nervioso encendido. Empecé a ver espíritus y criaturas invisibles para los demás. Mi miedo aumentaba por la noche, al ver los espíritus que me rodeaban.

En mi imaginación infantil, me parecía ver brujas alrededor de mi cama, susurrando encantamientos y cambiando sus caras en cualquier visión horrible que mi imaginación podía invocar.

En algún punto, este sueño recurrente cambió a uno donde estaba caminando desde casa y una bruja salía de la casa de un vecino. Ella estaba loca, gritaba con toda la fuerza de sus pulmones, se reía; y su risa parecía penetrar mi cráneo. Empezaba a correr alrededor de un almendro que estaba frente a su casa. Corría en círculos, y ella me perseguía con su risa loca, hasta que me atrapaba y me apuñalaba con su cuchillo.

Cada vez que esto pasaba, despertaba lleno de pánico. Hasta que un día, me encontré en un sueño a la sombra de un almendro. Un joven estaba allí, sentado junto al árbol y yo junto a él. Me preguntó por qué tenía miedo a morir. Hablamos mucho en ese sueño. Después de un rato, me dijo que no **había ningún lugar llamado death, sino solo dormir, soñar y despertar.** *"Sólo tienes miedo porque no sabes cómo despertar"*, dijo. "Te enseñaré cómo despertar." Con esa promesa, cerró los ojos, agarró sus párpados con sus delicados dedos, y los abrió. Seguí su ejemplo, y agarrando mis párpados, abrí los ojos y me desperté. Me sentí emocionado, pensando que acababa de aprender un gran secreto. ¡Sabía cómo despertar de cualquier sueño!

Inmediatamente me volví a dormir, y me encontré caminando por la calle de mi casa, y cuando pasé por el almendro, sentí la presencia, detrás de la puerta, de la temible bruja. Como siempre, salió con su cara larga con seis ojos y su espantosa risa. Lleno de pánico, comencé a correr alrededor del árbol, pero esta vez tenía un secreto. Agarré mis párpados y los abrí, viéndome en mi cama, sin sudar ni temblando. Estaba feliz y emocionado. Con entusiasmo, soñé nuevamente. Me encontré de nuevo en frente del árbol de almendras. La bruja no salió. Mi mente estaba tranquila, supe que era yo quien la llamaba con mi temerosa anticipación. Con mi mente tranquila, sabía que ella estaba detrás de la puerta, pero la mantuve allí con mi silencio. En ese momento decidí volar. Volé. Más y más alto. Mantuve el pensamiento de caer en silencio y el miedo a caer dormido a la sombra de mi inconsciente como la bruja detrás de la puerta. Volé y aterrice.

Esto inició una serie de audaces experimentos en mis sueños. Cambié de forma, crecí como un gigante para explorar tierras y océanos, crecí aún más grande para ver galaxias bailando en mis manos. Me transformé en águila y ballena, gato y sombra. Fui a desiertos y selvas. Hablé con maestros y seres desencarnados. Durante décadas, practiqué los límites de mi imaginación sabiendo que podía recorrer la totalidad de la creación sin miedo. Yo tenía un secreto: podía despertar cuando quisiera.

En un momento dado, sin embargo, me di cuenta de que los límites de mis experiencias todavía estaban limitados por el miedo a morir. Decidí experimentar esto en un sueño, animado por las palabras de aquel joven que aseguró que no había ninguna muerte, sólo el paso entre sueños, dormir y estar despiertos.

Un día, en un sueño lúcido y, plenamente consciente de que estaba soñando, decidí volar. Volé, y esta vez me permití pensar en la caída, un pensamiento que estaba desbordándose en las sombras de mi inconsciente. Me caí. Mantuve al margen el deseo de abrir los ojos y despertar. Sentí el impacto en el suelo, y morí. Las superticiones de muchos, me habían dicho que si moría en un sueño, moriría de verdad. No tuve una muerte física. Más bien, me encontré en un campo de luz y sin formas, amplío y musical. Fue una experiencia indescriptible, y mi mente de niño era incapaz de explicarla o clasificarla totalmente.

Animado por el éxito de mis experimentos en sueños, decidí volver a limitar mi miedo. Un día, me encontré de pie junto al almendro. Llamé a la bruja de las sombras, y corrí alrededor del árbol para seguir el protocolo. Esta vez, no tenía miedo. Decidí dejar que pasara. Permití que saliera. Le permití apuñalarme; y me permití morir y, cuando morí, su risa comenzó a sonar como pequeñas campanas en la distancia y, de alguna manera yo sabía, me acordé que había estado allí ya. Entonces desperté dentro de otro espacio, otro sueño,

5

y en este sueño estaba sentado junto a un árbol y un tigre vino y me devoró. Le permití que me devorara. Sentí sus dientes entrar en mi carne y desgarrarme y morí. Fui muerte tras muerte, de muchas formas.

Me desperté, sabiendo que había algo en este mundo de los sueños que tenía que ser explorado o comprendido. Y entonces, con gran entusiasmo, empecé a soñar con explorar cosas, volar, llegar a ser tan grande como una galaxia, llegar a ser tan pequeño como una hormiga, más que eso, como una molécula, más pequeño que un átomo. Me gustaba viajar y moverme, cambiar de cara, de forma y así sucesivamente. Aprendí mucho y las guías de los sueños comenzaron a guiarme, a decirme dónde ir, qué hacer y cómo experimentar cosas diferentes.

Le animo encarecidamente a no tener miedo a experimentar. Cree el hábito de ir más allá de los límites de su miedo. La clave es saber que nada puede pasarle, no importa lo que suceda en su sueño. Nada ni nadie puede hacerle daño. No puede dañar a nadie en un sueño. Incluso si es atacado, herido y muere, usted despertará sin heridas, vivo, e intacto. Si ofende a alguien que ama, mata a alguien, o quema su casa, usted se despertará y nadie se sentirá ofendido, nadie habrá muerto en sus manos, y su casa seguirá intacta. No hay culpa en los sueños; siéntase libre, entonces, para hacer su voluntad.

Por supuesto, alguien podría decir que esta advertencia sólo funciona si usted está lúcido, consciente de que está soñando. Esto es cierto sólo en parte. Por una parte, incluso si llegamos a estar lúcidos durante un sueño, podríamos llenarnos de miedo y culpa, y eso nos impide ir más allá de los límites de nuestros sueños habituales. Por otra parte, aun cuando no sepamos que estamos soñando, *nos beneficiamos poder ir más allá de los límites de nuestros temores.* Entonces, entrenarnos para ir más allá de nuestros miedos es algo útil en sí.

Desarrollar la capacidad de alcanzar la lucidez es de gran ayuda para trabajar en los sueños. El siguiente capítulo brinda una capacitación clara y útil para desarrollar la lucidez y recordar sus sueños. Sin embargo, no es necesario esperar hasta poder llegar a ser lúcido en sus sueños para hacer estos experimentos. *De hecho, es muy importante desarrollar el hábito de experimentar sin importar si usted está lúcido o no. Practíquelo fuera sus sueños y así entrenará a su inconsciente a practicarlo en cualquier momento.*

Este es el truco: use su imaginación cuando no se pueda despertar en sus sueños. Relaje el cuerpo y despeje su mente usando cualquier técnica de relajación o meditación que conozca.

EJERCICIOS PARA EXPERIMENTAR

Acuéstese en un lugar tranquilo y cómodo donde puede estar libre de interrupciones y distracciones. Cierre los ojos e imagínese en un lugar seguro y agradable. Ahora, imagine un sueño en el que experimenta lo que desee. Enfrente sus miedos o limitaciones sabiendo que puede despertar en cualquier momento. Aquí, usted puede:

• Experímentar muchas muertes y muchos renacimientos.

• Crecer como quiera, hasra ser tan alto como la Galaxia. Crecer hasta que todo el universo sea una particular dentro de usted y, así no esté en ninguna parte de la creación.

• Ser tan pequeño como una hormiga, o una molécula o un átomo. Seguir así hasta que las particulas subatómicas parezcan ser tan grandes como el mundo.

• Ser del sexo opuesto. Experimente este Nuevo cuarpo.

• Ser diferentes animals; oler, ver, oír, y moverse como elios lo hacen. Sienta su hambre y cace.

• Ser el viento, el fuego, una tormenta
• Ser un objeto inanimado. Siéntalo.

• Experimentar caminar a través de las paredes, nadir en al asfalto, y ser invisible.

• Convertirse en diferentes seres de formas no humanas.

• Hablar con gente que conoce, y personas que desea conocer. Tener conversaciones enteras con ellos.

Los únicos límites sobre que podemos ser o que podemos experimentar están en nuestra propia imaginación. Tendemos a no permitirnos vivir nuevas experiencias más por costumbre que por miedo. La mente tiene la costumbre de pensar en nosotros mismos como limitados a nuestra forma física. Debido a que pensamos que somos nuestro cuerpo, tendemos a soñar como si tuviéramos el mismo cuerpo y exactamente el mismo sexo que cuando estamos despiertos. Es decir, creamos automáticamente nuestro avatar del ensueño como una réplica de nuestra forma física. ¡Vaya más allá de esa tendencia al practicar, y practique a menudo!

Esta práctica se transferirá a sus sueños y, al poco tiempo, usted notará que experimenta estos eventos en sus sueños.

Es muy importante, y vuelvo a enfatizar este punto, tener un diario de sueños. Haga un diario dedicado a sus sueños y las experiencias de proyección astral. Cuando usted haga los ejercicios anteriores, escriba las vivencias y sensaciones que tenga.

Profundizaré más sobre la importancia del diario en el siguiente capítulo, "En Lucidez y Apercepción".

EN LUCIDEZ Y APERCEPCIÓN

*"Estaba viviendo muchas vidas, y era cada vez
más consciente de que siempre existiría en
muchos planos y que la existencia sigue la
naturaleza de los sueños…"*

El miedo es el primer gran obstáculo. Para superarlo, nada como la claridad de saber que usted está soñando. *Esto se llama lucidez.* Es la claridad que viene a la mente al darse cuenta de este hecho básico, que cualquier experiencia es un sueño. Sin embargo, simplemente repetirlo no es lo mismo que tener lucidez. Es necesario no sólo decirlo, sino creerlo, y en realidad darse cuenta de esta verdad y verla es pura claridad.

El siguiente ejercicio le ayudará a desarrollar la lucidez de forma efectiva. El truco es recordarse a sí mismo, y desarrollar una calidad de atención que tiende a hacer que usted esté consciente de que está soñando.

Siempre que lo recuerde, haga una pausa y pregúntese: "¿Esto es un sueño?" Hágase esa pregunta a menudo, bajo cualquier circunstancia; y pregúntela con toda seriedad, realmente tratando de averiguar si esto es un sueño. No se limite a hacer la pregunta mecánicamente para desestimarla posteriormente con un encogimiento de hombros, como si ya se sabe que no lo está. Hágase la pregunta y busque evidencia de que esto es un sueño. En otras palabras, no busque la evidencia de que esto no es un sueño, sino la evidencia de que lo es. Pruebe, por ejemplo, la solidez de una pared, la temperatura de un cubo de hielo. Vea si se puede volar. Vea un libro y compruebe si puede leer un párrafo sin que se altere. Trate de hablar un idioma que no conoce. Vea si puede hacer aparecer un unicornio. Tele transpórtese a sí mismo. Hágalo a menudo, siempre haciendo la pregunta y una prueba.

9

Muchas veces, usted sigue soñando pensando que está despierto, y todas las pruebas que realiza le "muestran" que usted está despierto, hasta que despierta y se da cuenta de que estuvo soñando todo el tiempo. Otras veces, el sueño se revelará. De cualquier forma, algo en su conciencia está siendo entrenado cuando usted se hace esta pregunta. **El efecto acumulativo de este ejercicio activa la capacidad de alcanzar la lucidez.**

Otro ejercicio útil que brinda lucidez se hace antes de ir a la cama. Coloque un vaso de agua al lado de su cama. Antes de ir a la cama, despeje de su cabeza las preocupaciones y distracciones innecesarias, y libere su cuerpo de las tensiones restantes. En un estado de calma, sostenga el vaso de agua con los dedos. Sienta la energía que emana de sus manos, o las pulsaciones de sus huellas. Mirando el agua, dígase a sí mismo: "Recordaré mis sueños." Entonces vaya a dormir. Tan pronto como se despierte, beba un poco más de agua e inmediatamente después de beber el agua escriba en su diario de sueños. Usar un diario de sueños es muy importante. Esta recomendación lleva a la repetición. Poner en papel algo lo trae del sueño al despertar, y conecta el acto en el Tonal (el mundo ordinario de lo conocido) con el ensueño a través del brazo y de la mano de su cuerpo físico. Escriba sus sueños. Hágalo un hábito en su vida. Este es un hábito cuya recompensa obtendrá en sus años dorados.

No se preocupe por si recuerda sus sueños o no. No permita que un tema tan irrelevante le impida escribirlos en su diario. Cada vez que estoy entrenando o trabajando en el ensueño, escribo en mi diario, tan pronto me despierto. No me preocupa lo que voy a escribir, o sobre si recuerdo algún sueño o no. Simplemente, pongo mi pluma sobre el papel. Escribo lo que sale de mi mente en ese momento. No lo critico o censuro de ninguna forma. Simplemente escribo. Si sólo recuerda una imagen, o incluso sólo una palabra, anótela. Empiece por ahí. Usted se dará cuenta de que muchas veces, una palabra es todo lo que necesita para que el resto del sueño florezca. Y cuando no hay nada allí, escríbalo. Sólo debe escribir que no recuerda nada en absoluto, y continúe con lo que sea que venga a su mente en ese momento. A medida que escriba, vendrá más. *Esto es entrenar a su* mente para recordar los sueños, y mientras más entrene a su mente para recordar sus sueños, más probable será que active la conciencia de que está soñando cuando se está en medio de un sueño. **La memoria aumenta la conciencia, y la conciencia engendra lucidez.**

Sólo hay un término más con el que debe familiarizarse, antes de que podamos profundizar en los misterios y alegrías de soñar. *Cuando usted lea estas palabras, es importante estar presente. ¿Qué significa esto? Esto significa que usted debe hacer el esfuerzo interior para no sólo tener sus ojos viendo las palabras en la página y su mente escuchando los sonidos de las palabras leídas. ¡También debe estar aquí! Usted necesita estar presente a medida que lee y mientras hace los experimentos y ejercicios.* Una experiencia no se realiza plenamente a menos que pueda observarla, pero no se observa totalmente si su atención está en otra parte. Hay momentos en los que estamos pasando por algo, dando la apariencia de estar plenamente conscientes y despiertos, pero estamos un poco "idos". ¿Alguna vez ha conducido todo el camino a casa sin darse cuenta o incluso recordar todas las vueltas que dio para llegar allí? Usted estaba allí, despierto y observando la carretera, los árboles, los autos, y los botones de su auto. Pero, usted no estaba presente.

El concepto que estamos por nombrar es la clave para lograr la "presencia", y por lo tanto clave para "dominar la percepción". *Esta clave le permitirá no sólo alcanzar la lucidez, sino acceder a sus verdaderos poderes a medida que experimenta la vida en el enueño, en el despertar, y a lo largo de sus viajes en la vasta inmensidad del imperio —todas las dimensiones de la existencia.*

Esta clave se llama apercepción. Imagine una flor delante de usted. Sus pétalos son de un color dorado claro. Imagine esta flor con detalle. Vea las venas en sus pétalos, sienta la redondez firme, pero flexible de su tallo. Toque los pétalos suaves, y la granularidad de su centro. Observe los tonos y matices de sus bordes. Ahora, obsérvese a sí mismo observando esta imagen.

Intentemos otra cosa. Siga leyendo estas palabras. Ralentice la velocidad de su lectura. Observe cada palabra, y siga leyendo. Ahora, en este mismo momento, obsérvese a sí mismo leyendo este párrafo, estas mismas palabras. En este preciso momento en que se recuerda a sí mismo y como se observa, es utilizar la facultad de la apercepción.

Practique la facultad de la apercepción en cualquier momento. Hágalo tan a menudo como sea posible, durante todo el tiempo que pueda. Es un músculo no-fenomenal que necesita ser entrenado. **La facultad de la apercepción es una de las técnicas más poderosas que puede aprender** de cualquier escuela esotérica. Este ejercicio por sí solo vale oro en el camino del conocimiento. Ahora que usted tiene el libro donde encuentra esta valiosa información, le invito a que continúe descubriendo más secretos. ¿por qué no leer el resto?

Con los hábitos de llevar un diario de sueños y de ejercitar la facultad de la apercepción, usted desarrollará la lucidez. Muy pronto, estará despertando en sus sueños y tendrá más y más control consciente de sus experiencias, hasta que un día se despierte también durante su vida cotidiana. En este punto se dará cuenta plenamente de que cada experiencia es un sueño, y que incluso podría llegar a conocerse a sí mismo como el soñador que está teniendo todas estas experiencias en el Palacio de los Sueños, y experimentar el verdadero despertar mientras El Que Duerme comienza a adquirir consciencia de sí mismo como un soñador.

LAS CUATRO REGIONES DEL SUEÑO

"Toda la atención se coloca en
transformarse uno mismo,
dejando que el sueño se
desarrolle como debería".

Pasamos la mayor parte de nuestras vidas en el ensueño.

En primer lugar, aproximadamente utilizamos un tercio de nuestros días para dormir. Este tiempo es utilizado por el cuerpo para regenerar el tejido dañado, para crecer y construir material para nuestros órganos, y para almacenar y clasificar los acontecimientos de nuestra vida al estar despiertos. El sueño es el momento en que el cuerpo hace la mayor parte de sus reparaciones y ajustes. Es también el momento en que los bebés crecen más porque es cuando el cuerpo produce nuevas células para hacer crecer los órganos. Sin embargo, la reparación y el crecimiento del cuerpo no es lo único que hacemos al dormir. También soñamos, y una buena parte del tiempo del sueño se utiliza para clasificar y almacenar los eventos del día.

Los sueños y el trabajo que hacemos en los sueños constituyen un buen tercio de toda nuestra vida y toda nuestra experiencia. La mayor parte del trabajo que realizamos en nuestra vida consciente, todos los días, es sólo un muy pequeño porcentaje de la totalidad de la vida de nuestro inconsciente. El inconsciente, siendo gobernado por la cola-cerebral o cerebelo, está conectado al sistema nervioso autónomo. Nuestros sueños, al igual que nuestra vida inconsciente, están gobernados por este mismo sistema nervioso central.

Para alcanzar la totalidad de nuestro ser, la individualización de la consciencia, necesitamos reunir todos los aspectos de nosotros mismos para trabajar en la Gran Obra.

Cuando decimos "inconsciente", hay que entender que sólo lo llamamos así desde el punto de vista de la consciencia cotidiana al estar despierto, pero que la mente inconsciente está despierta y consciente todo el tiempo. El trabajo al soñar, por lo tanto, es un asunto de tomar consciencia de cada parte de nosotros mismos, es decir, de nosotros divididos en dos entidades diferentes.

Una de ellas es la parte consciente que vive, trabaja y ha buscado una vida espiritual. Es el Yo consciente. El Otro Yo está despierto durante los sueños. Cada uno de estos dos avatares vive en su propio entorno. Uno puede tener una visión de la vida del otro. Vemos la vida del Otro Yo cuando dormimos.

El Otro Yo vislumbra nuestras vidas cuando estamos despiertos. En esencia, el Yo Despierto sueña la vida del Otro Yo, y el Otro Yo sueña nuestra vida al estar despiertos.

Para llegar a ser plenamente consciente de nuestra vida al soñar necesitamos aprender a despertar en el ensueño y a estar despiertos. De esta manera, el que sueña ambos avatares aprenderá a ejercer su voluntad en la totalidad de la experiencia.

Los cuatro aspectos principales

Hay cuatro aspectos principales de los sueños: *dos voluntarios y dos involuntarios.*

Los involuntarios se dividen en los sueños ordinarios y los sueños del ser superior. Los sueños voluntarios se dividen en la obra del doble etérico y la obra del yo astral.

Repasemos rápidamente cada uno de estos aspectos.

Los sueños ordinarios ocurren, cada día, al inicio del sueño REM.1

1   *REM: Siglas en Ingles que significan Rapid Eye Movement y es la tercera fase del dormir, donde la persona se encuentra profundamente dormida y es caracterizada por movimientos oculares rápidos, que se observan fácilmente en los párpados.*

Son un mecanismo diseñado por el cuerpo para resolver, catalogar y almacenar la información recibida durante todo el día. Sin esta característica, nos volveríamos locos rápidamente. Es en esencia un reinicio o reseteo de nuestro software.

Cuando la consciencia está alcanzando ciertos niveles de despertar, este tipo de sueños disminuyen porque la misma consciencia está aprendiendo a crear este proceso mientras se está despierto y consciente.

A través de la meditación y el incremento de la consciencia, se entra en el soñar pero no a través del sueño REM – que es al azar, caótico y, en cierto modo, perturba la quietud de la consciencia. En cierto modo, un sueño es un trastorno al dormir, tanto como el pensamiento es una alteración de la consciencia.

Con el despertar de la conciencia superior, entonces, comenzamos a entrar en el soñar no a través de lo que llamamos sueños ordinarios, sino a través del sueño de la luz.

Hay una historia asociada a esto. En el Nuevo Testamento, Jesús vino a un pozo y tenía sed. Había una mujer junto al pozo y Jesús le pidió agua. La mujer se sorprendió porque era una Samaritana, y para la mayoría de los judíos los Samaritanos eran menos que los perros. Ella se sorprendió porque él estaba hablando con ella. "Pido agua de este pozo. Puedo darte de beber de un pozo diferente," él le dijo. "Cuando uno bebe de estas aguas de los pozos de Siloé, uno nunca tendrá sed de nuevo." Las "aguas de Siloé" son una referencia esotérica a un lugar de acceso a los sueños. Es un sueño de luz pura que reemplaza los sueños al azar del sueño ordinario. A los pocos minutos, estas aguas refrescan la mente, el cuerpo y el espíritu. Y es la entrada a las regiones más altas de los sueños. Esta es la obra de los sueños ordinarios.

La segunda parte de los sueños involuntarios son los sueños triunfantes y la pesadilla. Considere esto: antes de tomar esta encarnación, usted era un ser eterno, puro y divino. Cuando usted toma esta encarnación, eso no cambia. Usted sigue siendo el ser, independientemente de las acciones de su vida, de sus opciones, de su karma. Pero tomó esta vida para tener una experiencia y para hacer una obra. Parte de su obra tiene que ver con el despertar de su naturaleza más profunda a través de la utilización de este avatar. Pero el avatar tiene su propia voluntad, sus propias necesidades y deseos.

En algún momento, la voluntad más profunda y los deseos de evolucionar del avatar se cumplen mediante la entrega por completo a la voluntad del ser. Antes de que esto suceda, sin embargo, habrá una lucha constante entre la voluntad del avatar y la voluntad del ser.

Cuando el avatar se está acercando a la voluntad del ser, sus sueños reflejan esta armonía. Sus sueños se convierten en sueños de triunfo: sueños de cumplimiento total, sueños de alegría y felicidad absoluta. Cuando sus acciones han estado siguiendo la voluntad del avatar y han tomado su curso, cuando se han separado de la ruta de su verdadero ser, su yo verdadero hace lo posible para traerlas de vuelta.

Uno de los métodos que utiliza es el sueño pesadilla. La pesadilla es un intento por parte del inconsciente profundo para hacerle saber que algo está mal. De esta forma, el sueño involuntario que proviene del ser superior es un medidor para ayudarnos a mantener el rumbo que elegimos en esta vida. Así es como los sueños involuntarios se pueden utilizar para nuestra obra espiritual.

Ahora, repasemos los sueños voluntarios. Se clasifican en dos: el doble etérico y el doble astral. 2 Hay métodos muy eficaces para construir un cuerpo etérico que nos da la posibilidad de crear un cuerpo de energía que nos permita viajar a cualquier lugar de este planeta. Este es el tipo más básico de viaje astral. Este doble etérico se construye con la energía generada por nuestro sistema endocrino. El cuerpo astral es un cuerpo de luz, y nos puede llevar más alto

2   *REM: Siglas en Ingles que significan Rapid Eye Movements y es la tercera fase del dormir, donde la persona se encuentra profundamente dormido y caracterizada por movimientos oculares rápidos, que se observan fácilmente en los párpados.
3. En este libro también se conoce como "el cuerpo de luz."

que este plano de existencia. En este libro, le doy los métodos para construir y fortalecer estos órganos. *La formación de estos cuerpos es muy eficaz para la optimización de la salud y los poderes de su avatar. Usted puede utilizarlos para comunicarse con cualquier persona y reunir información desde cualquier lugar.* Implica el despertar de su Otro Yo.

DESPERTANDO DEL SUEÑO

"Sólo tienes miedo porque no sabes cómo despertar"

Es muy importante entender que siempre estamos soñando. Los sueños nunca se detienen. Continúan en la profundidad, incluso cuando estamos despiertos, en nuestra rutina diaria.

Cuando dormimos, los sentidos de nuestro cuerpo siguen funcionando igual que antes: los ojos siguen percibiendo la luz, los oídos siguen percibiendo sonidos, y la piel sigue registrando las vibraciones. Los músculos continúan moviéndose. Lo único que cambia es a donde se dirige nuestra atención.

Cuando estamos despiertos, nuestra atención está en el mundo externo. Nuestra atención se centra en aquello que nuestros sentidos perciben. Pero cuando estamos durmiendo, nuestra atención se retira a ese otro ambiente, en el que están los sueños.

La atención que se dirige a este otro mundo se conoce por los Toltecas como la "segunda atención." Tenemos acceso a ambas atenciones – la atención cotidiana ordinaria y la segunda atención, en cualquier hora, en cualquier momento, a nuestra voluntad. La mayor parte del tiempo, es algo que ocurre de forma automática – un interruptor. Pero podemos entrenar la consciencia. Podemos entrenar la atención para dirigirla de forma voluntaria, ya sea al mundo externo o al del ensueño.

Cuando dormimos, el cerebro libera una hormona que desconecta nuestra atención de los sentidos externos. También desconecta nuestros movimientos voluntarios del sistema músculo-esquelético del cuerpo. Esto explica por qué al soñar usted puede correr, pelear, saltar, decir cosas y ninguna de estas acciones se transfieren al cuerpo físico. Sólo suceden en los sueños.

Ahora, esta desconexión que ocurre naturalmente al quedarnos dormidos facilita el dirigir nuestra atención a los sueños. Hace posible que nuestra atención se aleje del mundo exterior, y al hacerlo se dirige toda la energía de nuestra consciencia al mundo de los sueños. En su mayor parte, dirigimos nuestra atención con una energía limitada. Acceder a ambos mundos al mismo tiempo es una cuestión de poder.

Cuando estamos despiertos, los objetos externos atraen nuestros sentidos externos – vista, olfato, tacto, oído, gusto – por lo que la atención sigue naturalmente el curso de los acontecimientos externos. Cuando estas fuentes de atención se desconectan, nuestra atención se dirige naturalmente a los sueños. Con un poco de entrenamiento se puede cambiar fácilmente entre uno y otro. Sin embargo, para poder tener acceso a ambos al mismo tiempo se requiere también energía suficiente – energía que llamamos poder personal. Por lo tanto, haremos un experimento sencillo para demostrar que, sin duda, usted puede percibir ambos mundos, que puede cambiar de uno al otro, y que puede percibir los sueños y despertar a voluntad.

EXPERIMENTO

Este es el experimento. Siéntese en una postura cómoda. Respire lentamente y profundo. Mientras está viendo estas palabras, recuerde la periferia de su visión. Ahora, como sus ojos todavía están centrados en la pantalla, dirija su atención lentamente a su alrededor y a la parte posterior de su cabeza, como si la atención fuera una membrana delgada que cubre su cara, su cuerpo, y se esté moviendo alrededor y detrás de usted. Y, mientras esta membrana pasa a través de su cara, notará como la parte posterior de su cabeza está empezando a tomar consciencia de un espacio diferente. Usted no tiene que definirlo, no tiene que analizarlo. Todo lo que tiene que hacer en este momento es saber que está ahí. Debe centrar y dirigir la atención a la parte posterior de su cabeza. Permita que las impresiones fluyan a través de usted. Están a punto de ser más fuertes y más definidas. ¡Esa! Esa es la segunda atención.

Ahora dirija su atención de nuevo a donde estaba antes, al centro o al frente. Cuando usted dirige su atención a la parte posterior de la cabeza, es como si estuviese mirando detrás de usted, delante de usted, o incluso en ambos lados. Lo que está percibiendo en ese momento, es sólo la entrada del otro lado. Una vez que entre a ese mundo, el mundo tiene tres dimensiones y puede ver la parte frontal o girarse y mirar hacia atrás. Y con un poco de experiencia, usted puede entrenarse para ver en un ángulo de trescientos sesenta grados.

Cuando usted percibe las sensaciones físicas en la parte posterior de la cabeza, estas sensaciones físicas son solamente las ondas portadoras de impresiones psíquicas o impresiones que vienen de esa segunda atención.

Hay un ejercicio que quiero compartir para que conozca la diferencia entre percibir las sensaciones físicas de los sentidos y las sensaciones que vienen a través de la segunda atención, y para ello realizaremos una modificación del mismo ejercicio anterior.

Dirija su atención a la parte frontal de su frente; su tercer ojo. Concentre su atención ahí como un láser. Ahora, mueva ese láser a través de su cabeza. Muévalo a la parte posterior de su cabeza y siga a pocas pulgadas detrás de la cabeza. Ahora permita que su atención se expanda detrás de usted. Perciba esta membrana de atención expandiéndose detrás de usted. Ahora cierre sus ojos físicos y mire con su segunda atención por encima de usted, detrás de usted. Tal vez usted se dé cuenta de que incluso las palabras de esta página parecen venir de otro lugar. En la segunda atención, notará lo que es la fuente de luz. Explore este mundo. Ahora, de la vuelta. Encuentre el cuerpo físico. Observe que ha crecido más que su cuerpo físico. Ingrese a su cuerpo. Tome la forma de su cuerpo físico. Adopte la forma de su cuerpo. Respire profundamente y vea a través de sus ojos físicos.

LA PUERTA DEL ENSUEÑO[3]

> *"Es la claridad que viene*
> *a la mente al darse cuenta de que,*
> *cualquier experiencia es un sueño"*

El truco para tener acceso a otros planos de existencia es percibir que existimos en diferentes lugares al mismo tiempo.

Cuando usted está jugando un juego de video, su consciencia está a la vez en la habitación donde está su cuerpo físico y en el avatar que se está moviendo y experimentando el ambiente de juego al mismo tiempo. Cuando se sumerge en una historia, su consciencia se identifica con las acciones y experiencias del avatar, y siente que lo que está sucediéndole a él también le está sucediendo a usted. Puede ser que incluso se olvide de su entorno físico, en algunos momentos. Sufre el miedo y disfruta como lo hace el avatar. Cuando tiene que estirar su espalda, comer algo, o responder a una pregunta donde se encuentra su cuerpo físico, usted quita su consciencia y su identidad del avatar del juego y la dirige a su forma física.

El mismo principio se activa cada vez que usted sueña.

Cuando usted sueña, crea un avatar de ensueño. Este avatar de ensueño está diseñado para entrar y vivir en el ambiente creado al soñar. Usted crea un ser del ensueño con lo que experimenta en el sueño. ¿Está usted también en su cuerpo físico? Por supuesto que sí. Está tanto en su cuerpo físico y en su cuerpo de ensueño simultáneamente.

---

3   *Hay una ilustración titulada "La Puerta Del Ensueño" que used puede descargar de mi sitio web:* www.koyotetheblind.com/dreamingsgate. *Utilice esta ilustración al seguir las instrucciones de este capítulo.*

Cuan "real" usted percibirá el ensueño, dependerá del nivel de abstracción e identificación que alcance en ese sueño. Mientras su consciencia abstrae los estímulos de los sentidos físicos, su atención se fija, naturalmente, en los estímulos procedentes de los sueños. Del mismo modo, cuando usted se despierta y su atención cambia del sueño al mundo físico a su alrededor, los sueños se desvanecen al fondo de la conciencia y se dirige a las señales que llegan a través de los sentidos físicos.

Pero, debemos entender que siempre estamos soñando.

Cuando estamos despiertos y nuestra atención se centra en el mundo físico que nos rodea, el inconsciente sigue soñando. Hay diálogos internos dentro de nosotros, imágenes de eventos pasados, juicios sobre lo que pasa en este momento, preguntas que surgen, e incluso sueños completos que se desarrollan en la mente inconsciente. Sí, el mundo de los sueños no se detiene sólo porque entramos al estado de vigilia, al que erróneamente le llamamos "despertar". El sueño continúa; sólo que la atención ahora se dirige, por completo, a los estímulos del mundo cotidiano.

Si durante nuestra vida al estar "despiertos" (vigilia) alejamos la atención de los estímulos de los sentidos físicos, experimentamos sueños de día y, a veces, sueños completos cuando no estamos durmiendo. Cuando dormimos, alejamos nuestra atención de los sentidos físicos, casi por completo y, entonces, entramos al mundo de los sueños.

Lo mismo puede decirse cuando estamos soñando. No significa que el mundo de estar despiertos no esté allí. El mundo físico sigue allí, pero alejamos nuestra atención de él. Recuerde que a pesar de que cerramos los ojos cuando dormimos, nuestros cinco sentidos continúan funcionando. La piel registra la temperatura y el movimiento tanto como cuando se está "despierto". Los tímpanos continúan recibiendo las vibraciones del sonido. La nariz continúa recibiendo y registrando olores. De hecho, incluso los ojos continúan recibiendo la luz a través de los párpados cerrados. Sin embargo, a pesar de que los sentidos siguen funcionando, no parecen estar conscientes de los estímulos. Esto se debe a que en realidad no dejan de recibirlos, sino que simplemente alejan su atención de estos.

Esta, entonces, es la clave para aprender a ir desde la vigilia a los sueños, y de hecho a cualquier otro plano existencial donde hemos formado un cuerpo:

Usted debe aprender a alejar su atención de un plano y dirigirla a otro según su voluntad.

Si usted dirige su atención al mundo exterior, a la estimulación procedente de los sentidos físicos, entonces usted está alejando su atención del mundo interior de los sueños. Sin embargo, si usted sabe que los sueños siempre están ahí, sólo debe alejar su atención del mundo que sus sentidos perciben y dirigirla al mundo interior.

Este movimiento puede parecer difícil al principio, pero en realidad es muy simple y fácil. Es tan fácil que lo hacemos todos los días y todas las noches. La dificultad no está en alejar los sentidos de un plano y colocarla en otro, ya que lo hacemos todos los días. Lo difícil es aprender a hacerlo a voluntad. Es un movimiento, un interruptor, que hemos estado haciendo de forma automática, como respirar y nuestro corazón latiendo; pero como al respirar, también podemos decidir hacerlo voluntariamente.

Usted puede elegir dónde dirigirá su atención.

Puede utilizar la Puerta del Ensueño para entrenarse y obtener el dominio de su atención, para acceder al mundo de sueños a voluntad; e incluso, utilizar esta capacidad para acceder a planos superiores de consciencia.

Esta herramienta entrenará diferentes partes de su psique, su atención y su otro yo. *La primera parte del entrenamiento consiste en entrenar la atención para cambiarla del exterior al interior y que se mantenga donde usted desee.*

Estos son los ejercicios que te ayudarán a desarrollar esta habilidad:

Ejercicio #1

1. Encuentre un lugar donde pueda estar solo y sin interrupciones por unos cinco minutos.

2. Reduzca al mínimo las distracciones externas de sonidos, olores y luz. Necesita luz suficiente para ver la Puerta del Ensueño, pero que nada, como su televisor o cualquier otra cosa, esté brillando en dirección a sus párpados.

3. Siéntese en una posición cómoda, en la que pueda estar, por cinco minutos sin calambres o malestar.

4. Mire fijamente la Puerta del Ensueño por 30 a 45 segundos sin parpadear y sin mover los ojos. Mire fijamente con tanta atención e intensidad como pueda.

5. Cierre sus ojos.

6. Dirija su atención a la imagen interior que aparece en el ojo de su mente, y manténgala durante todo el tiempo que pueda. Al principio, la imagen puede desaparecer tras unos segundos, cambiarse o distorsionarse de alguna forma.

7. Repita el ejercicio tantas veces como quiera, pero deténgase si está sintiéndose cansado o con sueño.

8. Siga trabajando en este ejercicio hasta que la imagen se mantenga sin cambios por al menos un minuto.

El Ejercicio #1 le permitirá dirigir y mantener su atención a espacios interiores a voluntad y consolidar su atención para poder alejarse de los sentidos, también a voluntad. Al dominar este ejercicio, usted podrá dominar todos los ejercicios dados en La Flor Dorada, así como los próximos dos ejercicios a continuación.

De hecho, este ejercicio y los dos siguientes, demostrarán ser una forma muy eficaz de entrenar su atención psíquica para poder viajar en los sueños, tener la capacidad de ser lúcido en sus sueños, y también despertar muchas habilidades psíquicas latentes que no sabía que tenía.

Después de haber adquirido la capacidad de mantener la imagen después de la Puerta del Ensueño por un minuto o más, es hora de entrenar su mente para acceder a la puerta en cualquier momento, a voluntad.

Ejercicio #2

1. Encuentre un lugar cómodo y seguro donde no existan interrupciones.

2. Siéntese o acuéstese cómodamente.

3. Cierre los ojos y vea la Puerta del Ensueño en el ojo de su mente.

4. Visualice la mayor cantidad posible de detalles: colores, formas, y todos los detalles que compone la imagen.

5. Compárela con la copia física hasta que pueda visualizarla sin distorsiones.

En este ejercicio, está bien si, en lugar de utilizar una imagen fantasma como en el Ejercicio #1, la imagina. La imaginación es muy válida en este ejercicio. Luego, se dará cuenta, de que el uso de ella, es una poderosa puerta de entrada a los sueños y, de hecho, a cualquier otro plano de existencia.

El tercer y último ejercicio con la Puerta del Ensueño se lo sugerirá usted mismo. Puede ser después de haber dominado los dos primeros, o cuando aún esté trabajando con ellos. El Ejercicio #3 abrirá las puertas de los sueños y le permitirá entrar en ella y el plano astral conscientemente a su voluntad.

Ejercicio #3

1. Mantenga la Puerta del Ensueño en el ojo de su mente sin distorsiones.

2. Tan pronto como sienta una atracción o sensación de movimiento, pase por el triángulo.

3. Usted puede viajar a cualquier lugar que desee, y tener muchas aventuras. Si en algún momento desea regresar, simplemente tendrá que volver, por sí mismo, al cuerpo. O bien, puede traer la Puerta del Ensueño al ojo de su mente y caminar lejos de él y a su cuerpo físico.

4. Cuando vuelva, tome unos segundos para sentir el cuerpo y cómo ingresa nuevamente a su cuerpo.

5. Escriba su experiencia en detalle. Es muy importante escribir cada experiencia.

¡Disfrute sus viajes y experiencias con esta poderosa y antigua herramienta! Mi benefactor me la suministró, y ha sido utilizado por innumerables chamanes, iniciadores toltecas y magos. Está cargada de su intención, y es una herramienta extraordinaria para viajar y dominar los mundos internos.

LA CLAVE DE LOS SUEÑOS

*"El truco para tener acceso a otros planos
de existencia es percibir que existimos
en diferentes lugares al mismo tiempo"*

Previamente, decíamos que el mundo de los sueños se puede dividir en los aspectos conscientes e inconscientes. En las partes más inconscientes y automáticas de los sueños, están el tipo de sueños que tenemos cuando nos quedamos dormidos y entramos en ese estado de sueño REM. Este tipo de sueños es casi un recuerdo y cataloga las impresiones recogidas durante todo el día. Esos sueños no son realmente tan significativos. En su mayoría son impresiones sueltas, restos de la vida al estar despiertos. El cuerpo y la consciencia tienen que recuperar, de alguna forma, las piezas de datos que dejamos atrás al no prestar atención a lo que estamos haciendo, pasando por los eventos mecánicos de nuestra vida diaria. Estos son los sueños que ocurren en la primera parte de la noche, en el primer par de horas.

Ahora, aunque las imágenes que estamos catalogando no son significativas, cuando estamos trabajando en nosotros mismos, va a haber un cambio definitivo en la calidad de nuestra obra mediante un cambio en estos primeros sueños. El cambio al que me estoy refiriendo tiene que ver con poder entrar en los sueños sin el sueño REM.

Recuerde que el sueño REM4 ocurre a causa de todas las impre-

---

4   *Aunque la literatura siempre se refiere a la "etapa REM" y nunca a los "sueños REM", utilice la última porque es más exacta, no solo porque estamos tratando con los sueños sin cubrir lo relacionado a lo físico, sino que también los sueños REM son una denominación errónea. La etapa REM ha sido llamado "sueño paradójico" porque el cerebro se comporta como si estuviese despierto. La mayoría de la actividad neurológica y hormonal opera durante el sueño REM cómo si estuviésemos despiertos, pero estamos soñando de forma fisiológica. Con una obra extensiva en los sueños, he llegado a caer en cuenta que el tipo de sueños que ocurre durante el sueño REM ocurre*

siones sin catalogar, aquellas a las que no hemos estado prestando atención durante el día. Al trabajar en uno mismo, aumentando nuestra consciencia, aprendemos a vivir la vida cada vez más como una meditación, como un despertar. Y cuando esto sucede, entramos en nuestros sueños con muy poca interferencia mental, y entramos en un sueño sin la perturbación de los sueños.

A la luz de la consciencia pura, los sueños vienen como una perturbación de esta luz. Cuando estamos despiertos, esta alteración se presenta en forma de materia mental y pensamientos. Cuando dormimos, esta alteración se presenta en forma de sueños. Por lo tanto, al aumentar la consciencia y el poder personal se torna más evidente, usted tendrá un marcador definitivo de su propósito en sus sueños, como si se encontrara inmerso en un campo de luz pura, sin estar perturbado por los sueños.

Después de unas pocas horas de sueño y un par de horas antes de despertar, es cuando se pueden tener sueños de gran importancia para su vida espiritual. *La Gran Obra puede, en parte, ser descrita como hacer consciente lo inconsciente. Lo inconsciente es verdaderamente muy consciente y conocedor, y contiene la experiencia y el conocimiento acumulado de la humanidad.*

Lo inconsciente, que es a la vez personal y colectivo, es lo que evoluciona a través de la realización de la Gran Obra. Se nos ha estado guiando desde el momento en que nacimos hasta el momento de nuestra muerte. En el momento del nacimiento, se sabe lo que vinimos a hacer, a lograr, y a experimentar. En el momento de la muerte, por el contrario, se recogen todas las experiencias de la vida y se registran en la luz astral que rodea la biosfera del planeta. Estas impresiones en la luz astral, que contienen toda la actividad en el planeta, se han llamado registros Akáshicos.

Parte de la guía de esta inteligencia mayor, de esta inteligencia superior, es a través de la comunicación sutil con nuestro ego, una comu-

---

a veces cuando estamos despiertos, al hacer otras actividades, y cuando entrenamos podemos activar voluntariamente estos sueños y abrir una puerta para experimentar otros planos de existencia de sueños lúcidos.

nicación que pasa a través de sueños, de la intuición y la sincronía encontrada en la vida diaria. El tipo de comunicación que ocurre en los sueños de poder es vista como una comunicación directa de la mente eterna divina dentro de sí mismo con su ego. Se comunica con el antiguo lenguaje de los símbolos. Y es a través de esos símbolos que se han adquirido a través de eones de la experiencia recogida por la humanidad.

Hay tres tipos de sueños de poder.

• El primero es el sueño triunfante. Los sueños triunfantes son aquellos que dejan una impresión clara en su alma, que dan una gran satisfacción, placer, alegría, conocimiento y la sensación inequívoca de que usted acaba de hacer algo realmente bueno. Este tipo de sueños son una buena señal de que está en alineación con su destino, su dharma, el camino de su vida y su voluntad. Significa que creará una vida conforme al propósito cósmico y divino de su encarnación. En otras palabras, dice que usted va en buena dirección.

• El segundo tipo de sueño significativo es el sueño de iniciación. El sueño de iniciación es un sueño que contiene los arquetipos sagrados. Mientras más antiguos son los arquetipos, más potente es el sueño. En este sueño, usted vive algo como la muerte, renacimiento e iniciación. Puede encontrar criaturas como serpientes, estrellas, abuelos o cualquier número de arquetipos. En algunos de estos sueños, usted pasa por un proceso de iniciación definido. Este tipo de sueño de iniciación le dice que usted está trabajando en un nuevo nivel. Le da un conocimiento y un nivel de energía que no tenía antes. Marca un nuevo comienzo.

• Ahora, hay un tercer tipo de sueño de poder que generalmente ocurre justo antes de despertar, y es el que llamamos sueño pesadilla. Mientras que el sueño triunfante significa que usted está en alineación con su voluntad, el sueño pesadilla indica lo contrario: es un intento desesperado de su voluntad pura, de la guía divina dentro de usted, de decirle que está traicionando algo fundamental y crucial. Le señala, con un malestar directo en su alma, que usted necesita volver al curso.

Cuando usted aprende a ver su sueño superior desde la perspectiva de un canal de comunicación desde el nivel más profundo de su inconsciente con su ego, usted entra en una relación radicalmente diferente con sus sueños.

Las personas a menudo me preguntan sobre los niños que tienen pesadillas. La mayoría de estas pesadillas implican arquetipos como vampiros, brujas, payasos, etc. Los arquetipos señalan que el sueño es un sueño de poder. *Una pregunta clave es si el niño se siente perturbado durante el sueño o si tiene miedo después del sueño. Si se da el primer escenario, entonces ese sueño está tratando de guiar al niño. Intenta darle impresiones al niño para que éste instintivamente y automáticamente busque las experiencias que necesita para esta vida. Si el niño tiene miedo después de contar el sueño, entonces es, simplemente, una influencia inconsciente y automática que los adultos están tratando de imponer sobre ese niño.* En cualquier caso, el sueño es la guía que el niño está recibiendo de su propio inconsciente. Esos son los sueños que necesitan ocurrir y que pasarán. Guiarán al niño al proporcionarle el lenguaje arquetípico correcto que necesitará durante toda su vida.

Si usted entiende este punto, usted se convertirá en un maestro de sus sueños. El punto es el siguiente: usted y yo, todos nosotros, estamos bajo una guía. Hay algo eterno, divino y con una inteligencia muy superior que nos guía de forma individual y colectivamente a través de un proceso evolutivo. El idioma que este ser utiliza está refinándose mientras más lo entendamos. Todos los libros sagrados que la humanidad ha creado, todos los maestros que incansablemente han trabajado para enseñarnos, todas las grandes obras de arte, el arte consciente, los cuentos y leyendas, incluso la historia de la humanidad con todos sus horrores y glorias ayudan a refinar el idioma que usamos para comunicarnos con esta inteligencia superior. El idioma onírico es parte de la más íntima y la más antigua de los idiomas que utilizamos para comunicarnos.

Es importante, cuando ocurren estas comunicaciones al soñar, que sus acciones empiecen a coincidir con el mensaje. En otras palabras, esta inteligencia superior le está guiando y diciendo, "Hey, vuelve a tu centro." O le está diciendo "Sí, sigue adelante en esa dirección." Ya sea porque ha entendido el concepto conscientemente o simplemente porque su intuición está siendo guiada por los sentimientos evocados por estos sueños no recordados, lo importante es que sus acciones empiecen a coincidir con el resultado previsto del sueño. En el proceso de aprendizaje, queremos llegar a ser cada vez más conscientes de este mensaje.

Tanto el sueño triunfante como la pesadilla son sueños de poder. La pesadilla es un sueño de poder. Es simplemente un sueño que está diciéndole que algo está apagado, necesita ser corregido o está traicionado y se necesita arreglar.
Esfuércese en todas las cosas para ver todas las experiencias desde el mismo punto de vista.

Ya sea al soñar, en la vida ordinaria, en su templo sagrado, todas y cada una de las experiencias es un encuentro con Dios con su alma. Luego, para cada acontecimiento en la vida y para cada sueño, usted se preguntará, "¿Cuál es el mensaje?" Esto le dará la clave para comprender todos los sueños y experiencias.

En resumen, usted debe esforzarse en aumentar su consciencia sabiendo que en cada momento, ya sea al dormir o estar despierto, usted está dialogando con el corazón; está encontrándose con Dios. No importa lo que parezca estar sucediendo, cuán agradable o desagradable sea, este momento es un encuentro entre las criaturas divinas. Saberlo hará que su consciencia evolucione.

Parte II: Y La Flor Suelta Pétalos De Luz

*"Una experiencia no se realiza plenamente
a menos que pueda observarla,
pero no se observa totalmente
si su atención está en otra parte".*

A TRAVÉS DE LOS LÍMITES DEL SUEÑO

"no había ningún lugar llamado morir,
sino solo dormir, soñar y despertar".

Descubrí la tenue membrana que separa los sueños del despertar, una mañana brillante en los suburbios de San Salvador. Había estado esperando el inicio de la guardería. Mi madre era maestra en una escuela pública. Trabajaba en la tarde, por lo que podía pasar algunas tardes en su clase. A veces, la acompañaba, y cuando empecé a aprender el alfabeto y leer oraciones simples, me sentaba en su clase para practicar la escritura de mis cartas y leer cuentos infantiles. Un día, ella me dijo que un estudiante vendería su auto de juguete Matchbox, y me preguntó si quería uno. Me emocioné mucho porque había soñado con ese auto. Le dije que tenía que ser el que podría abrir las puertas y ver el interior. Pero el auto estaba tardando más tiempo que lo que mi impaciencia infantil permitía. Quizás lo había estado esperando por sólo unos días, pero en mi desesperación, juraba que era semanas.

Entonces, siempre le preguntaba, -"¿Ya trajo el carro?"

Siempre me daba la misma y paciente respuesta: -"No, Pedro todavía no me lo ha llevado."

En lugar de sentirme decepcionado por no conseguir el auto, me emocionaba aún más al imaginarlo. Un sábado por la mañana, antes de despertar para ver las dos horas de caricaturas del Canal 4, me quedé en la cama un poco más de lo habitual. Estaba soñando algo muy bueno con mi auto. Era un Chevy convertible del '65, lo supe muchos años más tarde. Lo tenía en mis manos, abriendo sus puertas e incluso el portaequipajes. Mientras empecé a despertar, me di cuenta de que el sueño estaba a punto de disolverse ante la luz del día que inundaba mi consciencia.

Entonces, en ese estado entre los sueños y el estar despierto, traté de aferrarme a mi auto de juguete. Podía sentirlo en mi mano derecha. Sentí su marco sólido y su material frío. Ser consciente de que me estaba despertando hizo que fuera muy difícil aferrarme al sueño, pero mientras el sueño se disolvió por sí sólo, en la oscuridad de mi consciencia, conseguí aferrarme a la sensación del auto de juguete. Me aferré a esa sensación en mi mano. Mantuve mi mano cerrada, sintiendo el auto, mientras mi mente poco a poco se despertaba y el sonido y la luz de la mañana tomaban protagonismo. Empecé a escuchar los pájaros afuera, a oler el aroma de la taza de café de mi papá, y sentir las sábanas y pijamas en mi piel. Pero, por puro deseo, me las arreglé para mantener también la sensación del auto con el que había jugado en mi sueño. Estaba ahí, dentro de mi mano. Una vez que la consciencia del día se había afirmado plenamente, y todavía podía sentir el auto dentro de mi puño, empecé a considerar un pensamiento que aparecería muchas veces en mi mente durante mi infancia y adolescencia, un susurro que me preguntaba una y otra vez: "¿Y si la magia es real?"

En esa mañana de 1970, me sentí casi seguro de que lo era, mientras caía en cuenta que estaba completamente despierto y podía sentir el auto en la mano. Me preguntaba si podría haber conseguido traer algo de mi sueño al mundo físico. Algo dentro de mí pensó que era posible, y este pensamiento prometedor emergería muchas veces de muchas formas diferentes en mi vida. *¿Podría ser cierto que los milagros ocurren? ¿La magia era real? ¿Era una realidad, tan fantástica y sorprendente como en mis sueños y en las historias que la gente contaba? ¿Y qué hay más allá? ¿Existirían mundos y cosas maravillosas y de felicidad plena? ¿Existiría realmente un mundo en el que pudiera jugar y explorar y nadie tratara de matar, encarcelar, torturar? ¿Puedo reír y amar y no preocuparme de que la gente contribuya al hambre y enfermedad de los demás, en un mundo sin crimen ni dolor?* Estas preguntas llegaban en varias ocasiones según mi nivel de desarrollo.

Pero, ese día sentí que casi había respondido a mi pregunta de forma afirmativa al convencerme de que iba a abrir mi mano y mi auto aún estaría allí, y permanecería conmigo después de que el sueño se hubiera desvanecido y yo me hubiera ya levantado de la cama. Podía sentir una semilla de duda en mi mente, y de alguna forma, sabía que esta duda podría bloquear la capacidad de hacer que algo extraordinario sucediera. ¿Lo sabía de alguna vida anterior? ¿De estar en sintonía con esa inconsciencia colectiva? ¿De estar consciente, de alguna forma, de la vida que estaba empezando a vivir una vez más? ¿De tener una conexión con la fuente del conocimiento? ¿De la mera inspiración e imaginación de un narrador de historias?

Realmente no sé de dónde surgió esta idea, pero sé, que esa mañana, luché contra una duda en mi consciente, tratando de dominar mi sensación; si podía aferrarme a la sensación de tener el auto de juguete en mi mano al despertarme y tener la sensación más allá del punto de recuperar la consciencia completa, entonces tal vez también podía pasar por alto las dudas y hacer que suceda.

Por último, cuando podía estar seguro de que la sensación en mi mano estaba allí, que había dominado la capacidad de sentirla incluso en plena consciencia al despertar, abrí mi mano con la expectativa clara de que estaba a punto de presenciar algo impresionante. Cuando vi mi mano vacía, comencé a sentir la sensación del auto disolverse de nuevo en los sueños, fusionándose con la claridad de la mañana. Pasé mi día, yendo al jardín de infancia Los Siete Enanitos – con sus cuentos de hadas, estatuas de tamaño infantil en el patio – e Iván, un niño aferrándose a la puerta de entrada, llorando por su madre. Me familiaricé con el olor de la plastilina y el truco de fallar al colorear dentro de los límites. Por la tarde, después de olvidar la mayor parte de lo que había sucedido ese día y que el incidente del sueño no inundaba mi mente, mi madre llegó a casa del trabajo con una sorpresa para mí. ¡Era exactamente el mismo modelo del auto de juguete con el que había soñado! Lo sostuve en mis manos, y me pareció que, como en ese estado liminar, me encontraba en medio de los sueños y el estar despiertos mientras trataba de aferrarme a las percepciones y sensaciones del juguete deseado.

Me parecía como si me hubiese tropezado con un camino secreto para traer un sueño a mi vida al estar despierto. Unos años más tarde, tuve otra oportunidad para poner esto en práctica. Estaba en cuarto grado en una escuela jesuita para varones de San Salvador. No tenía dinero para el autobús, y no podía llamar a nadie para que viniera a recogerme. Por lo general, me gustaba caminar a casa. Tardaba casi una hora. Pero ese día tenía que llegar a casa a tiempo porque era jueves, el día que iba con mis amigos y su padre a escuchar música clásica en el centro. Estaba caminando por los pasillos del tercer piso del edificio de la escuela. El edificio fue diseñado como un cuadrilátero de cuatro escaleras, en medio del cual había una pasarela en forma de una cruz que dividía cuatro parches cuadrados de césped. Los grados de primaria estaban en el piso inferior. Los grados medios en el segundo piso, y los grados de secundaria en el tercer piso. El cuarto piso era la vivienda de los padres jesuitas.

Me gustaba pasear después de clases; pasear por todas partes, sobre todo donde no pertenecía. Me gustaba visitar la pequeña capilla del tercer piso, donde, un día, mi amigo Quiroz y yo, vimos la estatua de Jesús crucificado abrir la boca. Corrimos antes de poder oír lo que quería decir. Iba a la capilla a rezar y estar a solas con mis pensamientos. Ese día, se había hecho tarde, y estaba girando por una de las esquinas del pasillo del tercer piso cuando me di cuenta de que había gastado todo mi dinero y no tenía como volver a casa. Empecé a entrar en pánico porque mis padres no estaban viviendo en la ciudad y la tía con la que estaba viviendo no tenía auto. Cuando llegué a la parte superior de las escaleras que llevaban a la oficina y al área de recepción de la escuela, me detuve y cerré los ojos.

Encontré en mi interior el espacio en el que había estado al rezar en la capilla. Las telarañas de los pensamientos de preocupación y de imposibilidades se fueron y encontré allí, como si hubiese estado soñando, dos monedas: una de diez centavos y una de cinco centavos. Quince centavos era lo que necesitaba para el autobús, y había en mí una certeza sobre esta imagen, y decidí sentir estas monedas en mis manos. Procedí a bajar por la escalera, y justo después de la curva que me llevaba a la primera planta, justo en uno de los pasos, vi el brillo de níquel de cinco centavos junto con la moneda más grande de diez centavos salvadoreña. En ese punto, me dije: *"Recuerda esto. Siempre puedes encontrar lo que puedes ver."*

Esto me llevó a una serie de experimentos en los que utilizaría con éxito las visiones creadas intencionalmente con la luz astral de los sueños, y también encontraría el conocimiento y la información.

EL YOGA DEL SUEÑO

*"Para alcanzar la totalidad de nuestro ser,
la individualización de la consciencia,
necesitamos reunir todos los aspectos
de nosotros mismos para trabajar en la Gran Obra".*

Empecemos entendiendo que, en realidad, siempre estamos soñando. Eso que llamamos sueño siempre está sucediendo. La actividad de imágenes, sonidos, historias, rutinas y subrutinas siempre están activas en el inconsciente.

Cuando estamos despiertos, esa corriente de consciencia que llamamos el sueño está activa, aunque en silencio. Nuestra atención se fija en lo que entra a través de los sentidos y en la corriente de la consciencia que pasa por nuestra mente consciente. Allí, en los sentidos externos y la mente pensante, es donde dirigimos nuestra atención, y para la mayoría de nosotros, también incluye las manifestaciones emocionales del centro ordinario emocional.

El ruido que entra por los sentidos es tan fuerte y abrumador, cuando estamos despiertos, que apenas percibimos los movimientos y acontecimientos del sueño. Entonces, cuando vamos a la cama y comenzamos a conciliar el sueño, nuestra atención se desconecta de la entrada procedente del cuerpo y del centro pensante; y la atención pasa por un período de restablecimiento, breve, mientras el cerebro y el sistema nervioso comienzan a catalogar los acontecimientos del día; tomando trozos de experiencias, sonidos e imágenes que serán almacenadas en el sistema muscular del cuerpo.

Percibimos, de forma fugaz, un desfile de imágenes y hechos que nos pasaron durante el día. Luego, en la noche, mientras el cuerpo

43

pasa por su proceso de curación, rejuvenecimiento y recuperación, entramos al reino de los sueños.

Hemos cubierto los cuatro tipos de sueños:

• El primero es el que sucede mientras conciliamos el sueño y es una catalogación mecánica de los acontecimientos del día.

• También, están los sueños de curación que puede venir en dos formas. Pueden ser pesadillas, cuando algo esencial en nosotros se encuentra ligeramente desviado de su ruta; y la pesadilla es un intento por parte del inconsciente para corregir un error, para volver a equilibrar algo que se ha desequilibrado demasiado.

• El sueño pesadilla no es un mal sueño. Es un sueño correctivo. Su contraparte, la otra cara de la moneda, es el sueño triunfante. Este es un sueño donde las imágenes arquetípicas en la mente están completando un proceso. Los arquetipos están completando un evento en nuestro inconsciente que permite, cada vez más, que nuestra presencia oculta se manifieste.

• El sueño triunfante es un sueño que ocurre cuando estamos en equilibrio y en armonía con nuestra voluntad pura – la razón de nuestra encarnación. En ambos casos, estos sueños son un intento de nuestro sistema de alinearse a su amo.

El cuerpo es un transporte, un vehículo que traslada nuestra presencia y consciencia. Como un vehículo, está diseñado para ser el avatar de la esencia; un avatar que puede llevar la consciencia de la esencia a lo largo de esta encarnación, para experimentar y llevar a cabo su obra.

Los sueños están catalogando nuestras experiencias en el inconsciente, y al mismo tiempo, están adaptando conscientemente este instrumento bien afinado, nuestra consciencia, a la voluntad y atención del yo esencial.

Durante nuestra vida al estar despiertos, esto sigue ocurriendo, pero somos ajenos a eso. Nosotros no lo vemos porque dirigimos nuestra atención ordinaria al mundo externo y a la charla de nuestra mente. A veces nuestro ser superior, el ser esencial, quien es eterno y siempre parte del cuerpo de Dios, nos habla. Nos está diciendo la clave del progreso para nuestra obra, nos narra las historias de nuestro origen divino, nos guía, dándonos más luz y más comprensión. A veces, habla a través de las sincronías de nuestra vida diaria. A veces, habla a través de nuestros maestros y, a veces, directamente a través de nuestra intuición y nuestros sueños.

Al hablar a través de nuestros sueños e intuición, la voz de ese silencio interior resuena a través de esa parte de nosotros que sueña. Recibimos esa voz como un susurro en el corazón y como una súbita iluminación, un saber que llegó a nosotros, no como el resultado de la inducción o deducción, sino como una gnosis directa, un conocimiento.

Cuando nos comprometemos con un camino espiritual, hay momentos en que nos comprometemos con la ruta de nuestra mente consciente, pero la mente consciente es muy pequeña en comparación al océano que es el inconsciente.

Nos comprometemos con la Gran Obra con la mejor de nuestras intenciones, y tratamos de ir en una dirección, mientras que nuestro inconsciente sigue un camino diferente. La clave para lograrlo es unificar estos dos estados de consciencia, estar despiertos y soñar, y hacer que ambos sean regidos por una autoridad más alta que la autoridad del ser esencial.

Este ser esencial se encuentra en un avatar, un avatar que existe con un cuerpo físico y una identidad humana en el mundo al estar despiertos y, a veces, se encuentra dentro de un avatar en el mundo de los sueños. Un avatar hecho de sueños, cambiando, moviéndose siempre, fusionando con su verdadero origen.

La fuente de atención que realiza toda su obra al estar despiertos también está trabajando en los sueños. No siempre la conocemos. No siempre la recordamos, pero un maestro que ha unificado su consciencia estará guiando, enseñando, brindando choques y oportunidades en ambos reinos.

Cuando usted se mueve de un lado a otro, el lado al que le está prestando atención adquiere detalles, vitalidad y color, y su atención se dirige tanto a lo que está atestiguando, que la otra parte se desvanece en el fondo y no lo recuerda totalmente. Al despertar, los sueños parecen ser flashes desconectados y se van desvaneciendo de la memoria, alejándose de su consciencia mientras su atención se arraiga en los sentidos. Entonces, cuando usted se encuentra soñando, su vida al estar despierto también se desvanece a un segundo plano, olvidándose y apenas accesible desde donde se encuentra. Y así vamos de un sueño a otro, de una experiencia a otra, sin recordar plenamente, sin conectar los hilos de los acontecimientos que forman la totalidad de nuestra consciencia.

La unificación de nuestras experiencias – las experiencias de los estados al estar despierto y las del soñar – es un componente esencial para unificar nuestro ser de manera que, como un avatar completamente presente en este mundo y todos los demás, pueda escuchar la voz del maestro, la esencia, la chispa divina de la consciencia dentro de nosotros, porque esa voz de la esencia no se divide. Es unificada. Es única. No se divide. Cuando habla, se escucha diferente a la consciencia dividida.

La mente lo escucha de cierta manera, las emociones oyen de una manera diferente, y el inconsciente (a través de los sueños) se escucha de otra manera.

Todo para crear un tapiz de la consciencia que se mueva entre los sueños y el estar despiertos como una serpiente deslizándose, y tejiendo todas las hebras de su consciencia, creando una unidad entre el estar despiertos y los sueños, entre la vida y la muerte, entre esta vida y todas los demás, entre el ser y el no-ser, hasta que la totalidad de la experiencia sea un vasto campo de la luz y ya no haya una división entre la experiencia de un sueño o la de otro sueño – uno donde la consciencia y la inconsciencia sean partes iguales del flujo y reflujo de la consciencia, la cúspide y la cresta de esta ola – que es nuestra consciencia siguiendo su trayectoria entre la luz y la oscuridad, buscando la esencia de nuestro ser flotando siempre entre la oscuridad y la luz, tal como la estrella de la mañana lo hace: siempre presente en ese estado liminar entre dormir y el sueño.

Trabajar este camino serpiente del yoga de los sueños requiere un esfuerzo de atención, de recordarse a sí mismo dentro de cada sueño. Requiere de recordar que estoy soñando; saber que aquí, en este cuarto, tener esta experiencia en esta cámara en este momento, es un sueño; que el sueño se resolverá en la nada; y que volveré a nacer en otro sueño, y ese sueño se colocará junto a los elementos de mi mente, y que se resolverá y, en cada resolución, todos los opuestos se funden, se combinan, se recombinan y se aniquilan uno al otro.

Cuando adquirimos la experiencia de recordar que estamos en un sueño, empezaremos a observar este flujo y reflujo de la consciencia, esta observación y resolución del sueño en nada.

Veremos, una vez que hemos acumulado miles de millones de años de práctica, que las corrientes de experiencia al estar despiertos y al soñar están siguiendo las mismas leyes que crean y destruyen la vida. Y así seremos testigos, no sólo sueño tras sueño, experiencia tras experiencia, sino a una escala más grande, también en la vida y la muerte y los espacios entre ellas, hasta que lleguemos a ver que la totalidad de la existencia está surgiendo de la nada. Se combina y recombina una y otra vez, siempre resolviéndose de nuevo en nada.

Y así, en esta unión del Yo Soy dentro de usted que observa sus vidas y sus sueños, usted se encontrará identificado al punto de la consciencia, eterna y siempre presente, que ha existido desde el principio de la creación y continuará existiendo hasta que la última llama de la última estrella se desvanezca; y, como tal, ha estado siempre presente, existiendo, ya que, como yo, como todos los demás, teniendo sueños, viviendo todas las experiencias hasta que se resuelva nuevamente en la nada de donde vino; y en esa unión de lo consciente con el inconsciente, en la unión entre ser y no ser, viene la unidad de la totalidad de su ser.

Ese plan grandioso, sin embargo, comienza con un solo momento. En el momento actual, del ahora, y mientras hablamos y oímos y vemos la habitación en que nos encontramos, podemos llegar a ser conscientes de que se ha producido este vasto océano de oscuridad detrás de nosotros, moviéndonos y deslizándonos entre las palabras, trayendo destellos de imágenes y memorias y puntos de vista, y cada palabra y cada imagen y cada conocimiento emerge de esta tremenda oscuridad y se remonta a ella; y por lo que todo se disuelve de nuevo a la fuente de todos los sueños.

Usted puede observar que, mientras lee estas palabras, puede llegar a ser consciente de que cada palabra sale de la nada. Está envuelta en nada y se resuelve en nada. Cada palabra, como cada idea, cada frase, y cada unidad de significado existe por un breve momento, y la única cosa que encadena todas estas palabras y significados juntos, es el hilo de su consciencia, que vive un poco más tiempo que cada palabra y por lo tanto puede transmitir una serpiente de significado, creando en ese tejido un sentido de comprensión, una visión de la memoria, una partícula de la existencia eterna.

También puede notar mientras lee, que es realmente una cuestión de elección, donde pone su atención: puede ser en los sueños que fluyen a través de la parte posterior de su cabeza, o en la nada que ve todo lo que nace de ella y todo regresado a ella, o en la entrada que llega a través de los sentidos y son filtrados por la máscara del avatar que ha creado para tener una vida que vivir en un mundo y definir una identidad a través de la narración de historias personales — el relato de un sueño que llama a su vida.

Dirigir la atención es el verdadero poder que todos tenemos y la verdadera libertad que todos podemos ejercer hasta el momento en que el avatar ha sido creado a partir de la totalidad de la existencia — donde un sentido más elevado del ser, de la libertad, y de poder personal puede ejercerse. Y, sin embargo, esta libertad para dirigir nuestra atención donde queramos es rara vez, muy rara vez, reivindicada como propia. Es aquí, entonces, al reclamar el poder de dirigir su atención, que el verdadero acto de creación comienza.

EJERCICIO

Hay un ejercicio simple que he encontrado muy útil, y que consiste en asumir el hábito durante un mes, cada día y cada momento que se recuerde a sí mismo, mirar a su alrededor y decir, "estoy soñando esto." Y entonces, si tiene tiempo para más que eso, examinar este sueño en todos los detalles. Examinar las formas, los colores. ¡Tocar! Toque algo y maravíllese con el detalle de esta alucinación, de este sueño. Hágalo cada vez se encuentre a sí mismo, independientemente de si piensa que esto es un sueño o que está despierto. Aprenda a ver todo como un sueño que está teniendo en este momento. Esa es una práctica para ayudarle a recordarse a sí mismo en los sueños.

LOS PLANOS ORGÁNICOS DEL ALMA

"Recuerda esto. Siempre puedes
encontrar lo que puedes ver."

Hay una parte del cerebro que se encarga de recibir todos los datos en bruto de parte de los sentidos del cuerpo físico. Todo lo que está siendo registrado por la piel, por los tímpanos, los ojos, los receptores olfativos y gustativos, es todo lo que entra a la vez, sin adulterarse y sin discriminación.

Cada señal que entra en el sistema está llegando a su área en la base del *"Cerebro o capa Reptil" encargada de recibir toda la información a partir de los sentidos y elegir qué dejar pasar a las otras partes del cerebro. Esta información llega al cerebro por primera vez como datos en bruto. Todavía no han sido catalogados; no se han puesto en ningún orden; no se han filtrado. Está todo ahí y el organismo lo percibe. Esta área en la base del cerebro filtra la información en primer lugar. La clasificación y ordenación viene después.

Los sentidos del cuerpo físico sólo pueden percibir una gama limitada de vibraciones. Incluso dentro de este rango limitado, la información sería tan abrumadora que, si el cerebro no filtrara la mayor parte de lo que entra, seríamos incapaces de distinguir lo que estamos percibiendo. Habría tanto ruido, tanta luz, tanta percepción que sería imposible de navegar, tomar decisiones, o evaluar la situación que nos rodea.

El cerebro, en primer lugar, decide lo que será transmitido a las áreas apropiadas del encéfalo donde será codificada, puesto en orden, almacenado, y analizado completamente por procesos muy rápidos.

Hemos creado este entorno en el cerebro, esta alucinación tridimensional, que es una representación holográfica del mundo que nos rodea. Esto que llamamos *realidad* es una representación holográfica de lo que los sentidos están recibiendo, y tenemos que entender que la mayor parte de lo que los sentidos reciben en realidad se descarta. La mayor parte no llega. Una gran parte de ella es anulada por ser completamente irrelevante, destructiva, o le distrae. El cerebro ha estado construyendo esta realidad desde el momento en que nacimos. Ha reducido lo que ha recibido del mundo exterior, y a partir de eso, lo gestiona para crear el mundo. Sabemos que hemos creado el mundo con éxito cuando la tribu en la que hemos nacido nos reconoce como sus miembros y somos capaces de navegar por este mundo y comunicarnos con los demás miembros y ver este mundo como ellos lo ven.

Me encuentro dentro de esta simulación de la realidad, y me encuentro otros avatares en ella. Esos avatares son también creaciones dentro de mi simulación que se interponen para otras personas: el padre, la madre, el amigo, el hermano, el enemigo, el desconocido. Asigno nombres específicos a cada avatar. Para navegar eficazmente en mi camino a través de este ambiente – que se me presenta como un mundo muy elaborado lleno de misterios, de peligros y recompensas, de amigos y enemigos, tengo que crear también una representación de mí mismo. Tengo que crear un avatar, que es una imagen que lleva mi propia consciencia. Debo crear este avatar dentro de la simulación. Es mi propio avatar. Es lo que llamo *yo mismo*.

Este *yo mismo* es una imagen diseñada para vivir dentro de mi realidad construida. Encuentro otros avatares que se parecen a mí, interactúan conmigo, hablan de mí y me dan una retroalimentación. Encuentro los que están contentos, tristes, enojados, me atacan, se sienten atacados por mí, mis amigos, mi familia, y yo vivo una vida dentro de este entorno, y esta vida sigue cambiando.

El medio ambiente se mantiene cambiando. Sigo agregando nueva información. Sigo descartando las ideas que ya no funcionan, y así continúa. Esta representación tridimensional que mi cerebro está creando, se ha formado tras aprender programas, patrones de comportamiento, idiomas e interacciones que he aprendido de los otros avatares que se encuentran a mi lado en esta simulación.

Es obvio, pues, que esta simulación que he creado a través del tiempo mediante la participación de los sentidos con mi corteza frontal es casi un sueño. No es la realidad, como la realidad que existe fuera de mí, con la que estoy comprometido.

Estoy comprometiéndome con ella, pero indirectamente. Estoy desde un centro de control: este cerebro, que por sí mismo no percibe de manera directa el mundo fuera de mí. Sólo percibe el mundo como se ha recreado dentro de mí.

Ahora, el cerebro es un sistema de archivo de alta eficiencia, y como tal, está programado para dejar de lado la mayor parte de la información que entra para utilizar el banco de datos que se ha creado a lo largo de los años; y, mientras estamos en el mundo humano, ese banco de datos de la información ha acumulado a lo largo de muchas generaciones, arquetipos, historias y visiones del mundo.

Le daré un ejemplo. Cuando usted está conduciendo y sus ojos se centran en la carretera delante de usted, usted ve la información visual que llega. Luego, usted mira en el espejo retrovisor, y en los espejos laterales. Luego, mira el velocímetro. Luego, mira la carretera otra vez. Luego, mira la persona que está hablando. Luego mira, de nuevo, la carretera. Mira la señal a un lado de la carretera, y así sucesivamente. Ahora, cuando los ojos van de un punto a otro, los receptores en los ojos pueden percibir lo que están mirando cuando no se están moviendo. Entonces, cuando los ojos se mueven del punto A al punto B, dejan de registrar lo que está entre el punto A y el punto B. Sólo ven el punto A, y luego ven el punto B; y en el medio, los ojos son ciegos. Los ojos no ven nada cuando están en movimiento. Sólo vemos el punto en el que nuestros ojos se están enfocando. Vemos el punto A y vemos el punto B; entre el punto A y el punto B, hay oscuridad. Sin embargo, no parece ser así. Incluso si usted lo intenta en estos momentos y mira la pantalla delante de usted y luego mira a un lado, en un segundo punto dentro de la habitación donde se encuentra, parecerá que ve una imagen borrosa que se mueve y luego ve el punto B, y cuando regresa, verá de nuevo una imagen borrosa que pasa muy rápido, entonces bien vuelve otra vez al punto A.

Ahora, esa imagen borrosa, hemos llegado a considerarla y actuar como si fuera algo que realmente estamos viendo; y, sin embargo, lo que está ocurriendo es que el cerebro se está llenando de la información, haciéndonos creer que estamos ante un mundo que es real y que tiene tres dimensiones. Sin embargo, sabemos por la neurociencia que no lo vemos. El cerebro lo representa, y es lo mismo en cuanto a colores y matices. Los colores no son algo que percibimos directamente del mundo. Por el contrario, nuestro cerebro rellena con colores lo que vemos por lo que somos capaces de percibir como si estamos viendo en tres dimensiones, como si estamos viendo matices de formas, tamaños y perspectivas.

Cada ojo recibe una impresión en dos dimensiones. El cerebro reúne estas dos imágenes que los ojos reciben y la presentan al cerebro como una de tres dimensiones por cada perspectiva, por lo que parece que estamos viendo un mundo tridimensional, pero, de hecho, estamos ante una simulación de un mundo tridimensional, elaborado a partir de imágenes bidimensionales. Ahora, el cerebro lo hace, no para engañarnos sino porque esta ha sido la forma en que estamos tratando con el mundo natural que nos rodea y todas las especies de seres vivos en el planeta hacen lo mismo, tratando de encontrar una forma de sintonizar su organismo para que trate de forma óptima con el mundo exterior.

Hemos creado esta dimensión humana para poder vivir en este mundo; pero, en su mayor parte, nunca percibimos el mundo directamente; sólo lo percibimos a través de los sentidos. Lo percibimos dentro del sueño que hemos creado, según lo que estamos eligiendo y que entra a partir de los sentidos.

Esta alucinación tridimensional que llamamos realidad se ha formado de la misma forma exacta que se forma un sueño, y dichos sueños se están formando una y otra vez de una forma mucho más fluida en la parte posterior de nuestra cabeza.

Cuando dirigimos nuestra atención desde la corteza frontal a la parte posterior de la cabeza al dormir, nos encontramos en un entorno diferente al que llamamos sueño. Pero, en el momento en que nos encontramos en ese sueño, mayormente, pensamos que estamos experimentando la realidad; y que la realidad que experimentamos dentro de un sueño tiene su propia lógica interna, sus propias leyes, su propia secuencia de acontecimientos, y sus propios recuerdos; y por lo tanto, somos capaces de hacer y percibir las cosas que parecen absurdas, ilógicas, e imposibles al estar despiertos. La diferencia entre un sueño y el estar despiertos no es la diferencia entre la fantasía y la realidad, es más bien la diferencia entre ambientes diferentes que nuestro cerebro ha creado.

La atención puede ser dirigida de un ambiente a otro, así como en este momento usted puede dirigir su atención al libro que está leyendo, encontrarse a sí mismo en un entorno creado por las imágenes e ideas presentadas por el libro, dando como resultado el silenciamiento de la información recibida de la habitación donde su cuerpo físico está sentado.

En otras palabras, mientras más atención dirija a los detalles del libro que tiene frente a usted, menos información recibe de la habitación donde se encuentra su cuerpo físico. Si algo llama la atención en su entorno físico, su atención se alejará de la página e irá a la puerta, a la ventana, al niño hablando con usted; y, mientras hace eso, se dará cuenta de que elimina una gran cantidad de la atención que estuviese dirigiendo al mundo virtual, para poder dirigirla al mundo físico.

Es posible que haya una atención residual en un mundo a medida que se mueve al otro, pero una vez que usted se encuentra inmerso en la nueva simulación, en el nuevo mundo, si se trata de otro sueño, o estando despierto, usted comenzará a perder más control sobre la realidad desvaneciéndose de lo que solía ser hace un momento. El poder de atención es poder pasar de un mundo a otro, de un sueño a otro.

Cuando podemos, por voluntad y atención, conservar un recuerdo de donde estábamos hace un momento, entonces podemos empezar a recordar nuestros viajes a través de nuestros sueños, a través de otros mundos, e incluso a través de esta alucinación tridimensional que llamamos vida.

Esta atención puede ser entrenada, se puede mover a voluntad; y así, sin importar si usted está durmiendo o despierto, puede optar por dirigirla a la información que está siendo recolectada por la corteza frontal o la información que está siendo recolectada a través del cerebelo. En otras palabras, puede optar por percibir la realidad consciente de estar despierto o la realidad inconsciente del sueño. Esto se puede hacer en cualquier momento. Se puede hacer a voluntad, y de forma similar, si se encuentra en medio de un sueño, puede tomar consciencia de lo que está ocurriendo en esa simulación del mundo al estar despierto, que su corteza frontal está creando, de forma que, dentro del sueño, puede alcanzar la lucidez.

Es decir, dentro de un sueño, usted se recuerda a sí mismo como el avatar que tiene en el mundo al estar despierto.

En el mundo, al estar despiertos, su ser del sueño puede alcanzar la lucidez recordándose a sí mismo como el ser del sueño que se crea al soñar. Ambos, representan la totalidad de su ser, que aún no es la manifestación más alta y verdadera de sí mismo. Es sólo la unificación de todos los avatares que ha creado, ya sea en el sueño o al estar despierto, adquiriendo una continuidad de consciencia que le permite tomar decisiones bajo su voluntad, independientemente de lo que parece estar pasando en el sueño en ese momento.

Para hacer esto, alcanzar la consciencia de la totalidad de nuestro ser, debemos ser absolutamente responsables de nuestra experiencia y nuestra percepción.

Debemos llegar a un acuerdo con el hecho de que la realidad que percibimos, ya sea en un sueño o al estar despiertos, es el producto de la forma en que tratamos con la luz infinita que bombardea nuestros sentidos en cada momento.

Debemos comprender el hecho, de que hemos creado un mundo dividido por el tiempo y el espacio dentro de nosotros mismos, y que también hemos creado una imagen de nosotros mismos para ser capaces de navegar por esta simulación.

Si me olvido de mí, veré este avatar como mi verdadero yo. Este no es mi verdadero yo; este avatar está pasando por un sueño en esta vida. Es atacado, es ofendido, incluso podría ser asesinado. O bien, podría sufrir una enfermedad por injusticia.

Y, sin embargo, no soy yo el que está pasando por todo eso. Soy yo percibiendo todo eso, pero a través de un avatar que sólo existe dentro de este sueño, dentro de esta simulación; y he creado un sinnúmero de otros avatares en otros mundos, en otros sueños; y puedo cambiar fácilmente mi consciencia del avatar actual a los otros avatares, convirtiéndome así en un viajero, un cambia formas, un viajero entre dos mundos, uno que tiene muchas vidas y muchos sueños, que puede convertirse en uno a través de la experiencia de la múltiples complicidad de los universos.

EL CUERPO ETÉRICO

"Empecé a considerar un pensamiento que
aparecería muchas veces en mi mente
durante mi infancia y adolescencia,
un susurro que me preguntaba una
y otra vez: "¿Y si la magia es real?"

Empecemos con una simple explicación de la naturaleza de las cosas. Quiero que entienda en este momento que el universo que percibimos – todo lo que usted percibe visualmente, auditivamente, sensorialmente, y olfativamente – se percibe porque es una vibración. Ese es un concepto bastante fácil de entender. Todo lo que se percibe es una vibración. Sólo se perciben las vibraciones.

La vibración se percibe a través de su sistema nervioso. No hay nada en este universo físico que se pueda percibir sin la recepción y transmisión de las vibraciones a través de su sistema nervioso. Por lo tanto, hay que entender que todo el universo que usted percibe en este momento es su sistema nervioso. La luz que incide en el ojo es vibración. Es la vibración de la luz que entra en el sistema nervioso y que el cerebro decodifica. Cada sonido es percibido por sus tambores del oído y se envía al cerebro a través del sistema nervioso.

Además, el cerebro suma a los datos recibidos lo que sea necesario para transformar nuestras percepciones a un universo analógico de tres dimensiones. El universo no es recibido por los sentidos en la forma en que lo recreamos en nuestro cerebro. Los colores y la profundidad tridimensional están dentro de su cerebro. El color no es una característica del mundo exterior. Lo que los ojos reciben son impresiones de luz con diferentes grados de vibración. Nuestro cerebro interpreta estos paquetes de luz y utiliza la información contenida en ellos para crear, en nuestra consciencia, la percepción de color y sombra. Los colores que percibimos no los hay en el mundo real, están dentro de nuestro cerebro, son creados por nuestro cerebro para darnos un mundo codificado por color. De la misma forma, los ojos no reciben imágenes en tres dimensiones. Lo que percibe el ojo es una imagen en dos dimensiones. El cerebro toma las imágenes impresas en ambos ojos y codifica las imágenes en paquetes bioeléctricos que se envían a través de las sinapsis neuronales en el cerebro.

El encéfalo, toma esta información y vuelve a crear la percepción de profundidad utilizando las diferencias entre las imágenes en ambos ojos, agregando sombra y color para crear una representación más útil del mundo que nos rodea.

Estamos creando constantemente esta alucinación tridimensional, donde proyectamos también la creación de un cuerpo tridimensional dentro del entorno que estamos simulando.

Entonces, véalo ahora. Percíbalo: esta habitación, los sonidos alrededor, el zumbido del refrigerador, la luz que toca todo alrededor, y todo lo que puede percibir a través de la piel de su cuerpo.

También, todo lo que percibimos está dentro de usted. Eso no quiere decir que no haya nada fuera de usted. Hay un montón; pero lo que está percibiendo, esto llamado realidad física, es simplemente cómo lo percibe su sistema nervioso.

Esto es el sistema nervioso percibiéndose a sí mismo. Esta es, su experiencia real en este momento mientras usted lee esta página, es el cerebro percibiendo el cerebro.

Y cuando digo el cerebro, me refiero no sólo a la masa gris en su cabeza, sino también su extensión: todo el cuerpo físico. Este sistema complejo llamado "cuerpo" es un reflejo del universo, es el universo tal como lo percibimos.

Mire a su alrededor y siéntalo todo. Todo está siendo percibido dentro de usted. Es como si usted tiene esta membrana que normalmente no puede percibir, y en el interior de esta membrana, dentro de esta burbuja, está el universo. Esta burbuja es usted. Y este universo que percibe ahora, con su espacio infinito, tiempo infinito, estrellas, plantas, animales, amigos, está todo dentro de usted.

Por supuesto, hay cosas fuera de esta membrana también. Así que todo lo que usted está percibiendo en el interior es el resultado de algo que golpea la membrana, algo que empuja la membrana, algo que riega la membrana. Y usted no percibe lo que está fuera directamente, ni la membrana en sí. Usted no lo percibe, al menos, cuando su atención está en la percepción de simulación del mundo que se forma en su mente. Usted casi sólo percibe el mundo que su mente crea es en su interior. Una vez que entienda esto, puede dejar de lado la molesta pregunta que surge: "¿Está esto realmente sucediendo o está en mi cabeza?" La respuesta siempre es sí. Esto realmente está sucediendo, y está sólo en su cabeza.

Entonces usted tiene esta misteriosa membrana que apenas se observa, pocas veces se percibe, y que está recibiendo las impresiones del universo exterior. En el interior, está creando este universo que puede percibir. Y en algún lugar dentro de este universo usted ha creado una imagen de usted mismo. Esta imagen, la llamamos cuerpo físico. Es un avatar que usamos para cambiar lo que vemos, lo que oímos, y nuestra ubicación en el espacio y el tiempo. Dejamos que se ejecute por un período de tiempo que llamamos "vida" para percibir este universo desde este punto de vista particular. Cuando esa vida termina, todo tiene que ser reorganizado cuando una nueva burbuja se pone en su lugar y toma una nueva vida. Cada niño recién nacido es un nuevo universo, una nueva reordenación de los efectos de la infinita luz en una nueva membrana.

Este cuerpo físico reúne la misma materia vibratoria que tiene el universo. El universo fenomenal está hecho de vibración. La vibración es energía. Todo a nuestro alrededor es energía. No hay ninguna diferencia entre la materia física y la energía. Todo es vibración, y todo es energía. Incluso el cuerpo físico que percibe el universo es energía, vibración. Se mueve. Vibra. Lo que significa que tiene una existencia y un fin. Todo el tiempo moviéndose, y terminando. Moviéndose, terminando. Velozmente. Rápidamente. Antes de que pueda darse cuenta de que está terminando, finaliza.

Pero lo que impregna la onda vibratoria, esa consciencia invisible e imperceptible que hace vibrar el espíritu, se mantiene en movimiento de una onda vibratoria a la siguiente. La inteligencia que mantiene el experimentar el final de la vibración se sigue reuniendo. Todo es vibración. Por lo tanto todo es energía. Entonces, ¿qué forma este cuerpo físico, esta colección de vibraciones que llamamos cuerpo físico? Es, en su raíz, vibración. Es una consciencia que utiliza la energía a su alrededor. Este es el ser noumenal, más allá del aspecto fenomenal.

Este ser noumenal monta las olas de la existencia, de la existencia fenomenal, experimentando la vida y el final de la vida. Se mueve de una vida a otra, e incluso en este instante está montando las olas de energía manifestada; por ende, su cuerpo fenomenal, en todo momento, se crea y se destruye sin que el ser mismo sea creado o destruido.

Su ser noumenal es la fuente de la llama de su existencia. Es el ser invisible que quema el oxígeno y que consume el material del que se alimenta, creando la llama del fuego. La llama es un proceso, no una cosa material. Entonces su vida es un proceso, y no una cosa compuesta por los componentes básicos de la vida. Es por esto qué la vida no puede ser estudiada como estudiamos las moléculas y cosas materiales, porque la llama de la vida es lo que nosotros, como seres noumenales, utilizamos como el combustible que se quema.

El cuerpo es la vela que se consume a través del curso de la vida, el oxígeno es la energía espiritual que llamamos vida, y la llama es el alma que llamamos el ser; el ser del sueño que vive y experimenta a lo largo de esta vida. Invisible y eterno, el ser noumenal es el que hace arder la llama y se traslada de llama a llama, envuelto en el resplandor de la llama.

Usted, incluso ahora, está reuniendo energía a su alrededor y llamándolo cuerpo. Sin esta energía no tiene cuerpo. Así como sin energía no hay universo. La energía que compone, crea, mueve y controla su cuerpo se llama prana.

Prana es el gran espíritu concentrado a su alrededor. ¿Qué es *usted*?

Responderemos esto muchas veces, pero usted en este sentido significa el centro de la consciencia, ese punto de vista particular que llamamos ser noumenal. Usted no es su cuerpo. *Usted no es su mente. Su ser eterno existe de sueño en sueño y de vida en vida y es simplemente el punto de vista en torno al cual se ha reunido esta energía, y usted lo está llamando cuerpo físico. Este cuerpo que usted tiene es sólo energía, y todo lo que percibe fuera de él se refleja en el interior.*

Esta energía, prana, viene del mismo lugar del que viene toda la energía. Cada vez que usted ve energía en movimiento, cambiando, usted puede darse cuenta de que hay un generador de energía, un dinamo desde donde la energía se está expandiendo.

Cuando miramos a nuestro alrededor, es fácil ver la mayor fuente de energía. ¿De dónde viene esta energía? ¿Cuál es el mayor generador de energía? Buscamos en todas las épocas y sólo podemos llegar a una conclusión: el sol.

Este sol, que momento tras momento, día tras día, eón tras eón, se mantiene irradiando esta enorme cantidad de energía; y esta es la energía que este planeta utiliza para crear el mundo. Así que, de puntos de vista individuales, venimos a este planeta, reunidos en un fuerte paquete de energía, que llamamos cuerpo, y luego creamos el universo en su interior que llamamos mundo. Así es cómo creamos el Tonal.

El cuerpo se mueve, el corazón late, los músculos se contraen y se expanden, los huesos se endurecen y crecen lenta pero firmemente. Los pulmones absorben energía y proporcionan al cuerpo energía vital. La sangre la lleva, limpia el sistema, y la suministra a todas las células. Y todos los sentidos, al mismo tiempo, reciben y codifican energía. Todo lo que usted percibe es energía, y su cuerpo físico es energía.

 Por lo tanto, no existe una verdadera separación entre la carne física y los huesos y energía. Son lo mismo. El cuerpo físico es una expresión de energía. Si usted lo entiende, comprende entonces que ya tiene acceso a su cuerpo etérico, que el cuerpo etérico es un vehículo de energía que hemos preparado para movernos por esta tierra. Para ir desde esta habitación a la habitación de al lado, para ir del ayer al hoy y tal vez al mañana si no echo las cosas a perder, me muevo en este cuerpo de energía que dirige y controla el cuerpo físico.

EJERCICIO DEMOSTRATIVO

Consideremos, por ejemplo, cómo usted mueve su brazo. Levante el brazo, o mueva cualquier otra parte de su cuerpo si no puede levantar el brazo en este momento. ¿Qué hace que el cuerpo se mueva? Usted, por supuesto, pero ¿cómo? Usted sabe cómo moverse, pero no sabe cómo se mueve. Sin duda, usted puede dar una explicación científica de cómo los músculos se contraen en respuesta a las señales nerviosas enviadas desde el cerebro, pero incluso, no sabe realmente cómo sucede esto. ¿Qué hace que las células nerviosas obedezcan su intención? ¿Qué hace que las células musculares respondan a los impulsos de las neuronas? Los aspectos mecánicos de este movimiento pueden ser estudiados y entendidos, pero en algún momento podemos enfrentar el hecho de que usted ha querido mover el brazo, y que su voluntad inició una cadena de eventos que ocasionaron el movimiento del brazo. El cuerpo, si está funcionando correctamente y los canales que conectan sus diferentes partes no están dañados, responderá a su voluntad. Pero hay un vínculo mágico entre su voluntad consciente y los mecanismos de su cuerpo; este vínculo es el cuerpo etérico.

Quiero que dirija su atención a su cuerpo por un momento. Al dirigir su atención allí y alejarla de todo lo demás, usted se da permiso para atenuar las luces que iluminan el universo de manera que por un breve momento usted no está gastando una gran cantidad de energía en recrear el universo. Olvide por un momento, también, lo que cree que sabe sobre su cuerpo físico y simplemente siéntalo, sépalo, y conozca su estado puro de energía. Es muy simple. Todo lo que tiene que hacer es sentir el cuerpo como energía. Hágalo mientras lee estas palabras. Su atención se divide simplemente, utilizando una parte para leer y entender estas palabras, y otra parte para sentir el cuerpo. Use su atención regular, ordinaria. No es necesario usar la imaginación o alguna habilidad especial. Simplemente deje que el cuerpo se sienta así, percibiéndose como energía. Usted se dará cuenta de que la forma en que imagina el cuerpo no es del todo exactamente la misma forma del cuerpo de energía. Sigue patrones similares, pero percibe la energía más concentrada, formas más densas de energía en algunas partes y energía de forma más difusa en otras partes. Eso está bien porque es cambiable. Note, por ejemplo, donde están las dos o tres concentraciones de energía más grandes en este momento. Ahora, siga adelante y disminuya una de ellos y haga uno más grande, más fuerte, más concentrado. Usted lo hace al dirigir su atención a donde quiere que vaya la energía. Sólo debe dirigir su atención allí. Ahora la ampliará de nuevo. Hágala crecer, tomar la forma que usted imagina que su cuerpo físico tiene. Distribúyala uniformemente.

Ahora, observe que hay un par de pequeños recipiente que tienen poca o nada de energía. Simplemente respire profundamente y llénelos. La energía que llega a través de la respiración va a donde usted quiere que vaya. Inténtelo. Llene los recipientes. Ahora, siga respirando y enviando el prana que viene a través de cada parte, al igual que las olas del mar rompen la playa. Observe que al hacerlo, usted está llenando su cuerpo etérico con vibraciones frescas y claras. Esto es respirar de verdad. Así es como la energía que entra por el sol crea su cuerpo físico. Si usted pone su atención en una de sus manos, una gran cantidad de energía se apresura a esa mano. Inténtelo. Ahora bien, esta mano es más completa y grande que la otra mano. Cámbiela. Dirija su atención a otra parte y respire en ella. Ahora hágalo más. Envíelas a ambas al mismo tiempo. Observe cómo vibran y se equilibran.

Ahora, dirija su atención al centro de su corazón. Observe el cuerpo de energía concentrado allí. Note cómo tiende a agruparse alrededor del centro de su atención. Este es su cuerpo de energía, su cuerpo etérico. Ahora, mueva ese centro de atención, lo que significa que se mueve hacia abajo, a su segundo chacra. Tenga en cuenta que la energía no tiene una expresión diferente de vibración que cuando está en su corazón. Descansa cómodamente allí, justo entre su ombligo y sus genitales. Respire hacia esta región. Cárguela. Ahora, expándala de nuevo. Respire en ella y deje que se expanda hasta cubrir la forma del cuerpo. Usted se concentra al inhalar, lo expande al exhalar. Respire unas veces más. Expanda su cuerpo de energía hasta que se ajuste a la imagen de su cuerpo físico como un guante. Ahora, mire a su alrededor y observe que la vibración de su cuerpo se refleja en la vibración del mundo que le rodea.

Este es su cuerpo de energía. Este es su cuerpo etérico. Usted verá que este cuerpo etérico se puede utilizar para curar, crecer, y moverse. Cuando nos concentramos en el cómo el cuerpo físico, nos movemos de un lugar a otro en esta tierra física. Pero también es posible concentrar esto como energía pura y moverse como energía en todo el mundo físico. Es simple. Es fácil. La única cosa que se interpone en el camino es la mente. Como la mente y la imaginación crean el mundo que los rodea. O más bien, se utiliza para crear la forma en que se percibe el mundo. Usted se mueve, y eso es fácil. Pero cuando la mente dice: "No, no te estás moviendo", entonces no se percibe a sí mismo como en movimiento. Pero lo hará porque es muy fácil de hacer. Y está dentro de sus poderes hacerlo. Le mostraré cómo. Y entonces, usted podrá utilizar este cuerpo etérico para viajar en esta tierra como quiera – moverse, visitar y percibir a su voluntad.

Pruebe El Siguiente Experimento:

Tome una postura cómoda. Ponga la punta de la lengua en el paladar. Comience eliminando su máscara social trazando lentamente la punta de los dedos a través de su cara en un movimiento hacia abajo desde la parte superior a la inferior. Repita esto varias veces;

y cada vez que lo haga, relaje los músculos faciales. Hay una gran cantidad de pequeños músculos en su cara diseñados para crear una expresión. En este momento, nadie le está mirando, así que quítese esa máscara. Habrá una sensación de luz, aire ligero donde su rostro está habitualmente, y es cuando sabrá que se ha quitado la máscara social. Ahora, inhale y exhale lentamente, a propósito, y sienta la energía en todo el centro de su atención. Cada vez que inhala, el cuerpo etérico se fortalece, y al exhalar, se limpia. Inhale. Exhale. Lo que respira es prana, energía pura. Esta energía, esta vibración, es lo que usted utiliza para formar un cuerpo. En este momento, no necesita crear un cuerpo físico. Ya está formado. Pero puede rodearse de esta bola de energía. Ahora, sentirá un ligero tirón por delante, en la dirección en la que sostiene el libro. Se está tirando hacia un punto más allá del libro delante de usted. Sentirá esta energía que ha creado siendo atraída, arrastrada. Permanezca en el centro de la energía. Está bien sentir el tirón. Ahora, mientras lo siente, empiece a formar una copia de su cuerpo. Use su imaginación para crear una réplica de su cuerpo. El tirón, la fuerza magnética que lo atrae, debe estar en el centro de este cuerpo. Use su imaginación para dar forma a este cuerpo etérico. Se trata de una copia imaginaria. Vea sus hombros, brazos, cabeza, piernas, torso, cuello. Imagine los ojos de su cuerpo etérico cerrados. Su energía está infundiendo este cuerpo que está creando en su imaginación. Ahora aspire, permitiendo que la energía crezca, y exhale.

En algunos momentos, cierre sus ojos físicos. Cuando eso suceda, usted se encontrará a pocas pulgadas al frente del cuerpo físico sentado. Dese cuenta en ese momento que el cuerpo físico es sólo un recuerdo, una imagen. Usted siempre se encuentra al centro de una bola de energía que ahora está dando forma a un cuerpo que se parece al suyo, pero está de pie. Este órgano permanente – sepa que es usted. Usted estará de pie en esta misma habitación. Siga respirando. Exhale. Este cuerpo que usted acaba de crear tiene una cara, ojos, manos, pies. Abra los ojos de su cuerpo etérico y no deje que ninguna impresión venga a su mente. No importa si es mental o no. Abra sus ojos etéreos. Vea la habitación. Mire el centro de la sala y vea la fuerza que está tocándole con sus emanaciones. Mire a su alrededor y vea todo los demás. Vea cómo la habitación es diferente y la forma en que es similar a la sala que recuerda. Respire dentro de este cuerpo de luz y exhale. Tome uno o dos pasos más al centro, a la bola de energía delante de usted. No vaya hasta el final. Sólo pocos pasos. Mire a su alrededor una vez más. Ahora, poco a poco vuelva a donde estaba sentado antes. Siéntase de nuevo en la misma postura en la que comenzó el ejercicio. Sienta como se funde en el cuerpo físico. Ahora, cierre los ojos y experimente lo que acaba de leer y más. Cuando regrese, siga leyendo.

Ahora, respire. Observe que la atracción magnética ya no está activa. Permita que su cuerpo etérico se hunda en la forma del cuerpo físico. Respire profundamente otra vez, y permita que la energía infunda la forma del cuerpo físico y encaje en él como un guante. Respire otra vez profundamente y se sentirá más sano, despierto y fuerte. Tómese unos minutos para anotar su experiencia en su diario.

El cuerpo etérico es la fuerza y energía que usted ha reunido a su alrededor. El usted que no tiene dimensiones, sin cuerpo, sin más que un punto de referencia: presencia y atención. Esta fuerza pránica está siempre presente cuando usted mueve sus manos, cuando camina, cuando ve, cuando habla o cualquier otra cosa que haga. Es donde usted mágicamente ejerce la fuerza de su voluntad para que pueda hacer algo en este mundo. Proviene de la fuerza de su cuerpo etérico.

Esta misma fuerza le permite moverse fuera del cuerpo físico y moverse por la tierra.

No es que se mueva fuera del cuerpo, está simplemente formando el cuerpo, moviendo el cuerpo, pero también puede moverse sin el cuerpo físico. **Es una fuerza que ha estado con usted desde su nacimiento. Lo llamamos daemon, el otro yo, el aliado. Es el espíritu familiar de un brujo. Es elemental en la naturaleza. Está hecho de la fuerza que fluye a través del sol y que se compone de akasha, una fuerza espiritual, y se manifiesta como los cuatro elementos.**

Su cuerpo etérico es un espíritu elemental. ¿Qué tipo de elemental? Eso depende del momento de su nacimiento. Porque es al momento de su nacimiento que usted reúne las energías a su alrededor para dar forma a todo el cuerpo físico al nacer. Así que depende de su signo astrológico. ¿Es agua, fuego, tierra, aire? Lo que fue predominante en ese momento, es la fuerza de su cuerpo etérico. Pero contiene todos los otros elementos también. Es sólo que su fuerza principal es equivalente a la fuerza predominante a lo que había a su alrededor al momento de su nacimiento.

Usted tiene un conocimiento y una conexión muy íntima con este espíritu elemental, ya que ha sido su cuerpo, su contenedor, toda su vida. Ha estado siempre allí con usted.

Usted oye los pensamientos de su otro yo como si fueran sus propios pensamientos. El otro yo también oye todo lo que usted dice y sabe todo lo que desea. Pero tiene sus propias necesidades, porque es un elemental. Está adherido a usted. Usted es el centro de su existencia.

Este ser elemental que lo acompaña, el otro yo, se encuentra en una etapa evolutiva anterior al del ser humano. Usted pertenece a un plano superior de existencia, más alto que el plano elemental. Y así, el otro yo se adhiere a usted y le sirve como un vehículo, un avatar, en este plano físico. Es el caballo y usted es el jinete. Esto es cierto no sólo con el cuerpo físico, también es cierto con el elemento, el doble etérico. Ha estado llevándolo toda su vida, manifestando ese cuerpo físico para que se mueva en esta dimensión. Hace lo mismo cuando usted se mueve en las partes inferiores del plano astral. Puede llevarle a cualquier lugar que tenga una presencia física elemental, una vibración física elemental. En otras palabras, puede llevarle a cualquier lugar en este planeta.

Conocer todos estos aspectos le permite comunicarse y hacer más cosas para usted.

El mago puede adquirir más sirvientes como éste, más familiares. Hay un punto en que es necesario tener el control sobre cuatro elementales. Pero el otro yo siempre es un elemental, también, así que puede tomar muchas formas y funciones. Puede recuperar la información y llevarla a usted. Puede hacer cosas para usted. También puede engañarle – darle lo que desea, aunque no le de lo que necesita. Pero es complicado también. Puede hacer que usted caiga al engañarle y hacerle perseguir únicamente sus deseos y no su voluntad. Está buscando su experiencia y vibraciones, ya que está hecho de vibraciones. Por lo que desea alimentos, medicamentos, bebidas, sexo, risa, tristeza, drama. Quiere dinero. Quiere esto y lo otro. Y sabe lo que usted quiere en su corazón. Es importante aprender a maniobrar, separar el otro yo de la forma física, aprender a separarlo para que pueda trabajar más allá de los límites de la forma física.

Este trabajo extra que puede ocurrir después de la muerte física tiene su base en el hecho de que puede funcionar como un doble etérico, ya que, como un doble etérico, se mueve en la parte inferior del plano astral, libre de las limitaciones impuestas al cuerpo físico ordinario. Esa es la parte inferior del plano astral. A partir de ahí, usted comienza a construir un cuerpo con el material de los planos superiores, y los órganos que le permiten viajar a planos superiores.

CÓMO CONSTRUIR EL CUERPO DE LUZ

"Usted no es su cuerpo. Usted no es su mente.
Su ser eterno existe de sueño en sueño
y de vida en vida y es simplemente el punto de vista
en torno al cual se han reunido esta energía,
y usted lo está llamando cuerpo físico".

Esta es la forma en que se logra construir el cuerpo de luz, que es la clave para realizar exploraciones más profundas y altas del ensueño y el plano astral.

Todo lo que usted percibe a través de los cinco sentidos es vibración. Esta vibración es energía viva y consciente. Como tal, estamos rodeados en todo momento por la consciencia y la vida. Aunque los objetos a su alrededor parezcan estar inertes o inconscientes, son muy vivos, vibrantes, y tienen su propio grado de consciencia.

Nuestros propios cuerpos están construidos de moléculas y átomos que son también vibraciones. Todo fenómeno, por lo tanto, es parte de este océano de la vida, la consciencia y la vibración. El plano astral y el ensueño son en sí mismos parte de este océano. Son puertas de entrada a la inmensidad del océano. Su cuerpo físico, su vehículo, es una concentración de fuerzas vibratorias que su consciencia utiliza para moverse en este mundo. Este órgano se ha creado usando el mapa genético de su ADN. En última instancia el propio organismo es un ser vivo, constituyéndose conscientemente, en sí misma, como una manifestación externa de su consciencia.

Cada parte de usted, de la esencia espiritual más alta de su psique, su mente, su cuerpo emocional, su ser del sueño y su cuerpo físico, es una capa de su consciencia espiritual. Como usted creo el cuerpo físico, es posible crear otros vehículos que le permiten operar, existir y manipular los planos más refinados y sutiles de la existencia.

71

La clave es recordar que el cuerpo físico está compuesto, o unido, a partir de los bloques de construcción vibratorios que nos rodean; a partir de la misma materia vibratoria de la que el mundo se compone. Lo que dirige la formación, el mantenimiento y, en última instancia, la disolución de su cuerpo físico es un conocimiento muy antiguo, que existía mucho antes del comienzo de la civilización, mucho antes de que se formara su identidad. Pero, como este cuerpo ha sido elaborado a partir de una vibración, también podemos formar otro órgano compuesto por una vibración más sutil: la vibración del plano astral.

Todo lo que percibimos a través de cualquiera de nuestros sentidos es vibración, vida y consciencia. Lo que percibimos, es la forma más densa de vibración y de consciencia. Eso es vida. Con la mente – la mente consciente, que es una capa más sutil e interior de nuestra conciencia que el cuerpo físico – podemos dirigir la construcción de este cuerpo de luz. Utilizamos el modelo del vehículo que ya poseemos: el ser físico. Creamos un gemelo con la mente, con la imaginación, con nuestra visualización. Este gemelo es una copia idéntica del cuerpo físico.

Usted lo vestirá de acuerdo al espacio o cámara que desea visitar. Esto no es diferente a crear un avatar de ensueño. Cada vez que usted va a dormir y se encuentra en un sueño, usted ha creado, en su propia imaginación, un cuerpo de ensueño que puede navegar ese espacio. La única diferencia es que el ser del sueño se crea de forma automática e inconscientemente a partir del material psíquico que exista en nuestro inconsciente en ese momento. Pero ahora crearemos un ser del ensueño, o sea un cuerpo de luz, conscientemente.

IMPORTANTE

La visualización e imaginación dan forma a su cuerpo de luz. Reúnen la luz astral alrededor de sí mismos para crear este vehículo. Entonces, usted empieza sentándose o acostándose, relajando y tomando conciencia en esa etapa liminal: el espacio umbral. Y allí, en ese umbral entre el estar despiertos y el ensueño, usted ve a su lado, o delante de usted, o detrás de usted, o encima de usted, el doppelgänger, el gemelo.

Practique visualizarlo tantas veces como pueda. Visualícelo cuando no esté durmiendo. Visualícelo cuando esté conciliando el sueño. Visualícelo cuando pueda ver. Cuanto más lo visualice, más rápido se formará este cuerpo.

Este cuerpo, al igual que cualquier otro organismo, necesita más que una forma. Necesita sustancia. La sustancia de este cuerpo es la luz: la luz del plano astral.

Le contaré un secreto que ha existido en muchas tradiciones esotéricas del mundo. La luz astral en el interior del cuerpo humano es la vida misma, y la fuerza sexual es la concentración y la fuente de esta luz. Entonces, para darle vida a este cuerpo de luz, es necesario infundirla con su vida. Usted alimenta el cuerpo de luz con sus vibraciones. Le da de comer con sus emociones. Le da de comer con su atención. Le da de comer con su chi, su energía etérea, su Aka Dua. Y le da de comer con su deseo sexual.

EJERCICIOS PRÁCTICOS

Este es un ejercicio práctico que usted puede seguir. Léalo primero, para entender cómo hacerlo, luego, siga las instrucciones cuando esté listo:

Siéntese en una posición cómoda e imagínese detrás de un cuerpo de luz idéntico a su cuerpo físico. Vístalo de blanco. Con los ojos cerrados, trate de ver este gemelo en detalle. Mire su pelo, la forma de la nariz, el grosor del cuello. Mire las uñas de las manos, la forma de los pies. Vea este gemelo con sus ojos cerrados. Ahora infúndale su luz. Véase a sí mismo lleno de la luz de su propia consciencia y envíe la luz al gemelo. Ahora, respire profundamente y contenga la respiración por un momento; usted recibirá una descarga extra de energía. Ahora, vea el gemelo brillando más fuerte. Permita que su punto de vista se mueva desde el centro de la cabeza hasta el centro de la cabeza del cuerpo de luz. Abra los ojos del cuerpo de luz y vea la parte posterior de su cabeza frente a usted. Vea donde está sentado. Vea la habitación a su alrededor. Ahora, cierre suavemente los ojos y tome la forma de su cuerpo físico. Ocupe el espacio de su cuerpo físico. Penetre en el cuerpo físico adoptando su postura. Luego, permanezca en este estado, sintiendo las vibraciones que su cuerpo de luz trajo consigo. Así concluye el ejercicio

Sienta ahora, a su alrededor, alrededor de su cuerpo, la presencia de este cuerpo de luz. Vea como, cuando respira, la luz se transfiere al mismo. Cuando usted come, sea consciente del hecho de que también está alimentando el cuerpo de luz con luz en forma de alimentos. Y cuando sienta excitación sexual, sepa que mientras más intensa es la excitación sexual más vida y sustancia le está dando a este cuerpo de luz.

Para desarrollar completa y conscientemente la capacidad de separar el cuerpo de luz de su cuerpo físico, debe alimentarlo con su fuerza sexual. Esto se hace al estimular su fuerza sexual hasta que llena el cuerpo de luz.

IMPORTANTE

Es importante que el hombre sea capaz de hacerlo durante largos períodos de tiempo sin eyacular porque el orgasmo en el hombre y la formación de esperma agotan el cuerpo de esta fuerza astral, de esta luz astral.

Para alimentar el cuerpo de luz correctamente, el hombre debe aprender a mantener este ejercicio durante más de una hora y hacerlo con pureza en su corazón y una aspiración espiritual en su mente. Para una mujer, la fórmula funciona de forma diferente. Al lograr orgasmos más fuertes, más alimenta a su cuerpo de luz. Ella tiene que aprender a hacerlo con un corazón puro, un corazón que aspire a Dios y con una mente en silencio.

Al emplear esta fórmula se puede crear un cuerpo de luz que puede viajar de forma independiente del cuerpo físico, que puede ir en cualquier lugar de esta tierra como testigos, para aprender y experimentar.

Al usar la fórmula de volar a través de los éteres, también se puede aprender a ir sobre y más allá del plano astral a planos superiores y más sutiles de la existencia de la propia evolución, para nuestra iniciación, y para el beneficio de Todos los Seres en Todas Partes.

TÉCNICAS CHAMÁNICAS AVANZADAS

*"Para alcanzar la consciencia de la totalidad
de nuestro ser, debemos ser absolutamente
responsables de nuestra experiencia
y nuestra percepción".*

Me estaba preparando para dar un taller de fin de semana sobre el dominio astral. Como siempre, muchos sueños e información venían a mi mente, mientras estaba haciendo mis preparativos. La noche antes del taller, tuve un sueño de poder. Era uno de esos sueños donde pasaban muchas cosas al mismo tiempo, y todo parecía estar pasando en realidad, y así, los estudiantes y yo estábamos preparando el espacio para el fin de semana. Teníamos algunas mesas dispuestas fuera del porche frontal, donde la comunidad trabajaba. Había un punto que seguía en mi mente. Era un bucle recurrente. Ocurría lo mismo una y otra vez.

La última vez que sucedió fue cuando me di cuenta de que era algo a lo que necesitaba prestarle atención. Estaba sentado afuera, en el porche de la casa del grupo, en una mecedora. Estaba pensando en lo bien que iba el taller. Entonces dije: "Tal vez algún día deberíamos tener un taller para chamanes."

Un grupo de mis estudiantes salió, y les dijo que estaba pensando tener un taller para los chamanes que pueden viajar. Entonces, mi hermano Carlos se detuvo y, mirándome, dijo, "Sí, pero entonces E. J. Gold hará lo siguiente...", y abrió su boca. Su boca se tornó redonda y pude ver algo en su interior que era como una pared. Dentro de esta pared había un agujero de luz. Un extraño sonido salió de ella y una cosa extraña sucedió dentro. Fue divertido del tipo risa-visceral. Al mismo tiempo, la apertura de la boca era una verdadera puerta de entrada a otra realidad. Me recordó la puerta de entrada que se muestra en el video Paseo de Sombras1 en Teoti-Huacan, donde con Eric de la Parra caminamos en el umbral de sombras interdimensionales, y uno puede ver la presencia del Nahual a través de él.

En ese momento, cuando Carlos abrió la boca ancha en el sueño, vi el Nahual, también. Recordé que yo había visto eso, en ese mismo sueño, muchas veces; que este sueño había estado ocurriendo muchas veces; y que, cada vez, Carlos hacía esta broma sobre E. J. Gold abriendo su boca y mostrando un vislumbre del Nahual a través de ella.

Me di cuenta de que en este capítulo sobre el dominio astral, debo abrir la boca del Nahual y dejar que salga. Por eso, debe ser un capítulo para los chamanes.

Quizás ahora usted haya llegado a la conclusión de que en este libro, hacemos poco énfasis en la distinción entre los mundos interiores y exteriores. Es decir, que hemos tratado hasta ahora toda la experiencia como un sueño, y hemos dejando a un lado la duda de si una experiencia en particular puede considerarse como que está sucediendo dentro de la mente o si se puede decir que está ocurriendo fuera de nosotros mismos. No es que la distinción no tenga sentido, pero es maleable y, como tal, está sujeta a ser visto como una u otra, o ambas, a la conveniencia del practicante.

Ya sea que una experiencia sea vista como que sucede fuera o dentro de la mente, o incluso fuera o dentro del cuerpo, depende de qué modelo de universo estamos utilizando. El Obispo Berkeley afirmó que el universo entero estaba dentro de la mente. Para evitar el solipsismo, se negó a creer que todo estaba dentro de su propia mente humana, sino más bien dentro de la mente de Dios. Si tomamos este punto de vista, entonces podemos decir que cada uno de nosotros es un punto de vista de ese ser Absoluto que duerme y sueña, el ser que los hindúes llaman Brahma; y que cada uno de nosotros es un sueño particular de esa mente infinita que significa que estamos siempre dentro de un sueño y que en realidad somos parte de ese sueño.

---

1   Vea la sección de publicaciones de www.koyotetheblind.com para obtener una copia de este y otros videos.

Por otro lado, podríamos tener un punto de vista más moderno y negarnos a aceptar cualquier término que no pueda ser probado por la ciencia y, por lo tanto, negarnos a aceptar categorías oscuras como "mente", a menos que pueda demostrarse científicamente que tiene una existencia fuera del cerebro. Consideremos, entonces, la posibilidad de que todas las experiencias y técnicas que aquí se presentan son sólo una parte de la red neuronal de nuestro sistema nervioso, y nada que estamos haciendo pasa fuera del cuerpo. En este caso, llegamos a la misma conclusión: que siempre estamos en un sueño. Eso es porque, sin importar que estemos hablando de tener un sueño, hacer un viaje consciente a los planos superiores, o simplemente salir a la calle para arreglar nuestro jardín, estamos viviendo en un mundo creado por la reacción de nuestra red neuronal para cualesquiera que sean las olas y campos electromagnéticos incidiendo sobre dicha red neural.

En otras palabras, si pensamos en nuestra experiencia como estar fuera del cuerpo, o que sólo ocurre dentro del cerebro, tenemos que llegar a la misma conclusión, y es que nos encontramos en medio de una experiencia que está siendo organizada y codificada según algunos principios inconscientes. Siempre estamos en un sueño, y siempre estamos interpretando la naturaleza de ese sueño.

Por lo tanto, la cuestión de si estamos fuera del cuerpo o experimentando las prácticas mágicas y chamánicas dentro del cuerpo siempre se puede responder con un "sí".

Sin embargo – y esto es un punto muy crucial si usted espera llegar a un mayor nivel en estas prácticas – el hecho sigue siendo que hay una diferencia cualitativa en nuestra experiencia de un evento en términos de su objetividad. Podemos filosofar sobre la naturaleza subjetiva de cada experiencia hasta danzar en el río Ganges, pero eso no va a cambiar el hecho de que algunas experiencias se sienten "objetivamente real" y las demás se sientan "como un sueño." Esa distinción en sí es también parte de nuestra experiencia. Algunas experiencias parecen tener más densidad de la realidad que otras y el impacto que tienen en nuestra consciencia, e incluso en nuestro ser eterno, dependerá de la intensidad de su densidad de la realidad.

Es posible, entonces, controlar la profundidad que puede verse afectada por una experiencia al hacer la facultad de discriminación, lo que nos permite sentir la "realidad" de una experiencia, consciente. Aunque este juicio se hace, generalmente, inconscientemente, es de la competencia del chamán y mago hacer esta facultad voluntaria y consciente. El truco está en poder decidir qué tan real y relevante es una experiencia y, de esa forma, decidir cuánta atención y poder personal invertir en ella. Mientras más importancia le damos a un evento, más objetivamente real parece ser y, por lo tanto, más impacto tendrá sobre nosotros. Este es el significado esotérico del término "prestar atención".

En general, utilizamos los cuerpos físicos y etéricos como vehículos para navegar y experimentar en el ámbito que hemos clasificado como "externo", y los cuerpos astrales y de luz para ir y experimentar los planos internos de la existencia. Sin embargo, estos planos internos no son meramente subjetivos. Hay un punto en el que realmente adquieren un nivel más profundo y significativo de objetividad y realidad, hasta el punto en que todas las otras experiencias por debajo de ese plano parecen como si fueran fugaces e irreales, como un sueño de la existencia que se desvanece en comparación a la cruda y desnuda realidad de los reinos superiores.

Por ende, no intente decidir, rápidamente, lo que es subjetivo y objetivo. En cada caso, una experiencia lleva consigo tal distinción, y el chamán y mago experimentado saben cómo aplicar un juicio tan exigente para dirigir y operar el grado de influencia que una experiencia tendrá en su ser esencial y eterno.

De hecho, decir que su cuerpo físico se queda y su cuerpo etérico se va es sólo una manera de decirlo. Porque lo que se queda, en realidad, es sólo el recuerdo de tener un cuerpo físico. Y mientras usted esté recordando ese cuerpo físico sentado en su silla o acostado en la cama, entienda simplemente de que parte de su atención mantiene esa forma. Usted tiene, en ese momento, una presencia dislocada y bi-situada. Una parte se encuentra en el cuerpo físico, y una en el etérico, pero ambas son construcciones convenientes y útiles de nuestra conciencia.

En verdad, cuando esté viajando, usted ni siquiera necesita un cuerpo físico. Usted puede alejar por completo su atención por un momento y recuperarla cuando quiera regresar. Y, de hecho, aunque es más difícil de hacerlo porque es más difícil de dominar la atención a este nivel, el físico puede ser recreado en cualquier lugar. Es sólo una manifestación del etérico. Y por eso a veces se puede estar en dos lugares diferentes al mismo tiempo e incluso moverse entre mundos, realidades y pistas de tiempo.

En las prácticas que van más allá del alcance de este libro, usted puede aprender a moverse en otros mundos – algunos no humanos en lo absoluto. Puede viajar, incluso, con su cuerpo físico, a otros reinos de la existencia y moverse de este universo paralelo a uno donde las realidades socio-políticas sean diferentes de lo que usted cree que es real. Aunque esto puede sonar un poco loco para muchos, la verdad es que puede demostrarse fácilmente. He podido llevar otras personas, e incluso pequeños grupos, a diferentes pistas de tiempo y lugares de esta tierra cambiando entre los mundos con el cuerpo físico. Esta capacidad es el efecto de un trabajo intenso y dedicado a los principios y ejercicios de este libro, pero hay que reconocer, que toma muchas vidas para el proceso.

Una capacidad mucho más fácil de dominar es viajar en el cuerpo etérico a través del plano astral inferior, donde el mundo parece tan real y sólido como el mundo físico. De hecho, lo es, pero al mismo tiempo es tan real, que no es idéntico a él. El mundo que experimentamos en el cuerpo etérico es, realmente, un vínculo entre el astral y el físico, y contiene su propio conjunto de objetos y seres. Más allá de ser real, es tan real como el físico y, de hecho, tiene un efecto tremendo en el plano físico. Todo lo que existe en el mundo físico tiene una contraparte en el plano etérico. Los cambios en uno pueden afectar al otro. Se puede obtener mucha información de esta manera.

La siguiente habilidad que es accesible para todos nosotros es la de aprender de forma consciente a viajar en el cuerpo astral. Esta es una experiencia más interna en un primer momento. Es muy parecida al "sueño consciente", utiliza la imaginación y comienza con una forma voluntaria de sueño del día, como hemos visto en capítulos anteriores. Sin embargo, con la experiencia llegamos a ver que el viaje astral no se queda en la imaginación, sino que es realmente una puerta de entrada a planos superiores.

IMPORTANTE

Aprender a cambiar de forma es una habilidad poderosa y muy útil. Logra lo que los toltecas llamaron "perder la forma." La razón por la que estamos tan ligados al mundo físico e incluso al Tonal (mundo humano co-creado por todos nosotros) es que no hemos practicado cambiar de forma y hemos llegado a creer que estamos limitados por la forma que hemos aprendido a tomar. En otras palabras, nos hemos programado en la forma que tenemos (física y mental), y hemos olvidado cómo podemos llegar a ser.

Usted se convierte en otras cosas en sueños, porque el doble etérico puede adoptar cualquier forma y también aparecer como algo diferente o tomar el cuerpo de otros animales. Este cuerpo etérico toma la forma de su cuerpo físico. En cierto modo se le infunde.

Es posible ver un animal – su mascota, gato, pescado, águila – y poner su consciencia en él. Eso significa que usted puede poner su cuerpo etérico allí y tomar su forma y dirigirla como si fuera su cuerpo, ver lo que ve y hacer lo que hace. Es una experiencia extraña porque el animal, al principio, se pierde y se siente poseído por usted. Algunos animales le darán la bienvenida como una posibilidad de su evolución. Pero también puede tomar esa forma si la claridad de su mente le permite hacerlo, o puede no tener forma física y simplemente moverse como forma etérea.

Todo es energía y todo se mueve. Todo vibra. El cuerpo físico es la forma más densa de vibración que estamos manifestando. Por lo tanto, es más lento. Para ir desde donde está ahora al patio de su casa, tiene que mover su cuerpo, levantarse, salir, e ir al patio. Necesita tiempo y esfuerzo físico para mover el cuerpo físico, por lo que tiene que seguir las leyes del mundo al que pertenece. O, en los términos de juegos, el avatar sigue las leyes de su entorno, ya que es una parte intrínseca del mismo; tanto, avatar como su entorno, son parte del mismo programa.

Para hacer lo mismo en el cuerpo etérico, usted puede viajar a la velocidad del pensamiento – moverse de aquí para allá o en cualquier lugar de este planeta. Y se necesita tanto esfuerzo y tanta velocidad para ir al patio como lo hace para ir a España, a San Francisco, a Argentina. El cuerpo físico es un buffer. Ralentiza el proceso. Al mismo tiempo, está recibiendo toda la experiencia física del mundo físico.

Los cinco sentidos operan a través del cuerpo etérico. El mundo etérico recibe con tal claridad el tacto, olor, sonido, vista, que es la capa exterior del ser. El cuerpo etérico es un elemento, y como tal, no está vinculado por esta capa externa del físico. Manifiesta esta capa exterior. Por lo tanto, cuando viaja en el cuerpo etérico, es sólo su pensamiento o su expectativa de que se está ralentizando.

Es realmente eso y nada más lo que le hace pensar,
"Bueno, aún estoy en mi cuerpo."
"No puedo salir."
"Puedo salir, pero no sé si es mi imaginación."
O "Sí, puedo ver que estoy aquí, en otro lugar, pero todavía siento mi cuerpo, así que tal vez estoy soñando".

Toda esa charla mental es simplemente lo que lo está ralentizando. Todo lo que necesita es desear algo – tener la voluntad de algo, para ser más claros.

IMPORTANTE

Tenga la voluntad de estar en alguna parte, y el cuerpo etérico le llevará allí. Todo lo que la mente hace – las razones del porque y el qué pasaría si – está simplemente ralentizándose, lo que le impide ver, moverse. Si usted tiene la voluntad de algo, ese algo lo hará por usted. Lo llevará. No es diferente de si yo tengo la voluntad de ver lo que está a mi izquierda, todo lo que tengo que hacer es permitir que mi cuerpo me dé lo que yo quiero, que es girarse y mirar. Si tengo la voluntad de tomar agua, me levanto y voy. Mi cuerpo obedece. ¿Por qué? Porque se infunde con el cuerpo etérico, cuya función es obedecer mi voluntad. Lo mismo sucede con su cuerpo etérico. Usted tiene la voluntad de algo y lo hará.

Puede reducir su velocidad con sus pensamientos, expectativas y dudas. Simplemente deje que lo haga.

EJERCICIOS PRÁCTICOS

Esta vez, usted va a salir del cuerpo e irá a alguna parte. Tome un momento para decidir a dónde irá y escríbalo. Dígalo en el tiempo presente. Diga, "voy a...", y nombre el lugar – cualquier lugar de este planeta y cualquier lugar en esta dimensión. Cuando lo haya anotado, lea las siguientes instrucciones. Cuando las haya entendido, cierre los ojos y haga el ejercicio.

Coloque la punta de su lengua en el paladar. Respire profundamente. Sienta su cuerpo etérico vibrando más fuerte mientras respira. A medida que el prana lo llene, sienta la vibración en toda su piel. Continúe respirando prana. Siéntase cada vez más unas pulgadas por encima y alrededor de su forma física. Crezca un poco más hasta que se sienta en una burbuja de luz más o menos con la característica de su forma física. Note su cuerpo físico todavía dentro de usted. Su cuerpo físico, como otros lo ven, está ahora dentro de usted, más pequeño. Note cómo se comienza a desvanecer su luz. Ahora, cuando usted respira, es este cuerpo de energía. Permita que los restos del físico se disuelvan en usted. Regresará. Simplemente déjelo allí por un momento.

Ahora, vea delante de usted una puerta. Siente un sutil tirón. Usted puede escucharlo. Sienta su zumbido. Usted pasará por esa puerta hasta el lugar de su elección. Cuando vea lo que fue a ver, volverá. Ahora, véalo y vívalo. Cuando haya terminado, o cuando sienta que su atención se distrae, porque está empezando a soñar o cansarse, regrese.

Ahora, recuerde de dónde viene y vuelva. Simplemente decida volver. Vea su cuerpo donde lo dejó. Mire a su alrededor una vez más. Sienta la radiación, la luz que emana desde el centro de la habitación. Respire y deje llenarse de su energía. Tome la forma de su cuerpo físico. Húndase en él. Adopte su forma. Respire profundamente otra vez. Abra lentamente los ojos. Tómese unos minutos para escribir su experiencia.

Trabajemos un poco más con el cuerpo etérico, y salgamos del cuerpo. Vayamos hacia arriba y a cualquier lugar en este plano, este planeta. Esta vez, lo que usted hará es buscar un animal o planta, de cualquier tipo. Pídale permiso para entrar en su cuerpo. Entonces, entre en ese cuerpo y experiméntelo. Si el guardián o el hermano2 dice que no, entonces busque otro.

Póngase en una posición cómoda y cierre los ojos. Coloque la punta de la lengua en el paladar. Encuentre un lugar en el centro de su cabeza desde donde emanen todos sus pensamientos. Note que usted se encuentra rodeado de vibración energética, de un "material" hecho de vibración, luz, sonido. Aliméntelo y fortalézcalo en cada respiración que toma. En algún momento, sentirá un ligero tirón desde el centro de la habitación. Recuerde, en este punto, relajar su

---

2   Es nuestra tradición ver a todos los animales como hermanos, y todas las plantas como guardianes. Por ende, nuestras ofertas a "Todas Nuestras Relaciones" es equivalente al voto de Bodhisattva para "Todos los Seres Sentientes en Todas Partes."

cara. Luego, permita que el doble etérico se levante. Déjelo estar de pie frente a donde usted está sentado. Forme el cuerpo como una copia de su cuerpo físico. Note la puerta delante de usted, en el centro de la habitación. Abra sus ojos etéreos. Cuando sea el momento, cruce ese umbral. Una vez que llegue a donde va, busque un animal, una planta o un árbol. Pida permiso cuando lo vea. Cuando se le dé el permiso, entre y salga con la experiencia del interior de ese otro cuerpo.

Ahora, si se siente cansado o siente el cuerpo del animal estresado, regrese. De lo contrario, permanezca todo el tiempo que desee, siempre que pueda mantener la atención. Cuando regrese, empiece sintiendo su cuerpo físico. Vuelva a la habitación.

Traiga todos sus recuerdos con usted. Tome su forma humana. Adopte la postura actual de su cuerpo. Asiéntese en él. Respire profundamente y abra los ojos. Sienta el cuerpo etérico dentro de usted. Tómese un momento para anotar su experiencia.

Coloque la punta de la lengua en el paladar. Respire profundamente. Sienta el cuerpo etérico, vibrando, en y alrededor de su cuerpo. Recuerde que está dando vida y forma al cuerpo orgánico. Alimente el cuerpo etérico con su respiración. Quítese la máscara social. Mueva sus dedos sobre la superficie de la cara. Relaje cada punto de su cara hasta que sólo haya luz. Ahora, sentirá un tirón. Vaya adelante y suba. Siga ese tirón hasta que se sitúe justo por encima del lugar donde estaba sentado, flotando en el aire. Abra los ojos del cuerpo etérico. Vea la habitación a su alrededor. Continuará fluyendo hacia arriba pasando por el techo, el ático. Pase por encima, y luego siga subiendo hasta que se encuentre justo en la frontera de la estratosfera. Ahí. Justo fuera de la atmósfera del planeta, llene su cuerpo con la luz del sol y las estrellas. Cuando el cuerpo está lleno, recuérdele a su cuerpo bajar al planeta y regresar. Vaya y haga que su cuerpo se llene de luz. Siga. Cuando regrese, abra sus ojos y escriba su experiencia.

Pasemos a las prácticas anticipadas. Encienda una vela. Colóquela en el altar. Ahora, viajaremos al plano astral y más allá, por encima del plano astral.

El camino a los planos, a dominar los planos, es el siguiente paso.

Saldrá de su cuerpo en su cuerpo de luz. Tomará una forma, a su semejanza. Pero tendrá ropa diferente. Tendrá un manto blanco — con oro en las mangas. Usted puede agregarle cualquier símbolo sagrado que desee. Puede salir de cualquiera de las formas que hemos descrito antes. Cuando esté listo, empiece a ascender. Mantenga sus ojos cerrados y suba. Siga subiendo. No se detenga. Suba. Vaya tan rápido como desee, y no se detenga. No abra los ojos. Sólo siga subiendo. Si usted siente que es hora de abrir los ojos, no los abra. Sólo siga subiendo. Si está cansándose, no se detenga. Sólo siga subiendo. Si está exhausto, siga subiendo. Sigue subiendo no se pueda subir más. En cierto punto, usted se quedará dormido o se encontrará en un plano de existencia diferente. Luego, explore. Lo que usted quiera seguir, ver, aprender, hablar, interactuar, hágalo. Si alguien le pregunta, dígales que está conmigo. Dígales que está conmigo si hay un guardián. Usted me puede llamar si hay algún problema. Esté allí todo el tiempo que desee, y luego decida regresar. Para regresar vaya a su vela o al cuerpo o a mí. Abra los ojos y escriba su experiencia.

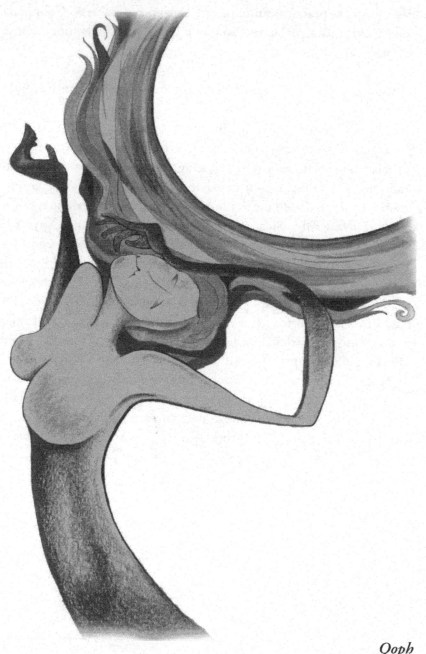

Qoph
Xochitl Flores-Jaramillo

Parte III: Y En El Jardín Del Hechicero Vive El Aroma De Una Flor Dorada.

*"Cuando nos comprometemos con un camino espiritual,
hay momentos en que nos comprometemos
con la ruta de nuestra mente consciente,
pero la mente consciente es muy pequeña en
comparación al océano que es el inconsciente".*

LA BESTIA

*"La Gran Obra puede, en parte, ser descrita como
hacer consciente lo inconsciente.
Lo inconsciente es verdaderamente muy consciente
y conocedor, contiene la experiencia y
el conocimiento acumulado de la humanidad".*

El ensueño no debe ser visto sólo como un estado de consciencia. Es un ser, consciente y con vida propia. ¿Quién es el ensueño? Llegará a saber que el ensueño es como una bestia que siempre le rodea, que le mira. Cada movimiento que hace… lo registra, observa, graba. La bestia aparece en diferentes formas, pero siempre puede sentirla a su alrededor. Puede sentirla ahora, justo en el borde de su consciencia, tocando su piel. Puede sentirla en su cara: con diminutos bucles, tocando su frente; rodeando su cabello; cargando su peso. ¡Esta bestia! Puede sentirla formando un círculo a su alrededor. Esta bestia, que llamamos ensueño, respira con usted.

Si usted deja que sus ojos tan solo miren sin fijarse en nada en particular, solo difundiendo su visión, usted comenzará a tener una idea de los pequeños movimientos en el cuerpo de esta bestia, el ensueño.

Si usted está lo suficientemente tranquilo, empezará a sentirla respirando. Puede sentir las paredes moviéndose. Esta bestia está presente en todos los sueños que tenemos. Si estamos durmiendo o despertando, cuando parecemos estar rodeados de lo que sea – una habitación, un campo, un camino, una tumba – nos encontramos rodeados de esta bestia.

La bestia, el ensueño, es la criatura más antigua que encontrará. Estaba aquí antes de que usted naciera. Esta allí todas las noches, y está a su alrededor en este momento. Cubre todo el espacio vacío.

Permite que la luz brille a través de sus paredes – filtrándola. Las formas de los objetos y sus sonidos pasan por ella.

Sin embargo, si aprende a prestarle atención, podrá ver el cuerpo de la bestia. Si cierra sus ojos, la sentirá con su pecho, con sus antebrazos. Si mueve las manos, tocará su superficie; sentirá la curvatura de su cuerpo eterno; sentirá los focos de resistencia y fluidez. Y esta bestia se encuentra en todas partes. Usted sueña, y en ese sueño usted tiene experiencias, y se despierta hablando y recordando el sueño; pero no mencionamos a la bestia. No hablamos de ella, simplemente porque siempre ha estado ahí. Pero es una característica común de su vida al estar despiertos y su vida al soñar. Ella siempre está allí, como todo lo que no es. Cualquier espacio al que entramos es el cuerpo de la bestia.

Pero no se equivoque, esto no es una metáfora – ninguna imagen. Es la cosa más real. Todo lo demás cambia. Todo lo demás nace, vive y muere. Todo toma turnos. Todo se desvanece. Todo. La bestia permanece – flexible, cambiante, pero sin embargo eterna; es su naturaleza cambiarse a sí misma. Es casi invisible a excepción de los ojos – los ojos que pueden ver. Es lo más real de todo, y le está observando en cada movimiento, cada sonido, cada evento. Observa. Cuando usted empieza a notar que la bestia está allí, usted sabe una verdad: que usted no está solo. Que todas las personas que le rodean y todos los animales que van y vienen son sólo parte del sueño; pero la bestia... siempre estará allí.

Después de la muerte, y antes de nacer, está ahí. Y entre una vida y otra, la bestia espera. Esto es el ensueño. El ensueño es más grande que la vida, más grande que una ola. Es más grande que las palabras. Es más grande que las preocupaciones. La bestia es más grande que el ensueño. El sueño que usted tiene, incluso el llamado vida, no es más que la forma en que usted está experimentando la bestia.

Es su enfrentamiento con la bestia. Cómo esta confrontación se resolverá depende de muchas cosas. Depende de la cantidad y calidad de su poder personal. Depende de la fuerza de su intención. Depende de cuando la bestia saltará y le devorará.

Usted aprenderá a ver a la bestia. Usted aprenderá a mirar y a observar la bestia. Usted sabrá cuando ella le está mirando, y aprenderá cómo se mueve, cómo se ve y la cantidad de poder personal que usted tiene, serán las claves para conocer a la bestia, y colaborar con la bestia.

El Yoga del Ensueño es un arte de la confrontación con la bestia. Y en caso de que no se haya dado cuenta, *la bestia del ensueño es todo lo que usted no es. Y todo lo que usted no es, es su otra mitad. El grado en que usted conoce y percibe a la bestia está directamente relacionado con el grado en que usted se conoce a sí mismo.*

Si está leyendo este libro, sabe una cosa (y se lo digo con toda seriedad): usted encontrará al más grande y temido animal de su alrededor; uno que no puede ser domesticado, vencido, destruido; uno que un día lo devorará y consumirá de la forma en que todos los sueños se consumen. Le aniquilará de la forma en que toda experiencia es aniquilada.

Usted tendrá, en este libro, un encuentro con lo más aterrador y lo más hermoso. Y si, en algún momento, usted ve a la bestia y la bestia se da cuenta que usted la está viendo, comenzará a prestarle más atención a usted. Si usted tiene éxito, habrá dado el primer paso hacia el dominio – es decir: usted debe dominar sus sueños o ella lo eliminará.

EJERCICIO

Mire delante de usted, mire a su alrededor, mire a cualquier lugar y conocerá el ensueño a su alrededor. Es una vibración diferente a cualquier otra. Es una luz diferente a la luz. Es una presencia. Es materia. Siéntala. No sólo en la superficie de su piel. Sienta cómo llega a su cuerpo. Sienta sus bucles en movimiento (similar a un gusano), filtrándose en su cuerpo. Sienta cómo toca su corazón, estómago y columna vertebral. Sienta sus dedos tocando su cráneo, entrando a través de la parte posterior de su cabeza, y luego apretando suavemente hacia afuera. Respire profundamente y suéltelo lentamente, con suavidad, sin miedo, con suavidad. Respire profundamente otra vez y déjelo fluir un poco, y luego sáquelo. Hágalo de nuevo. Sáquelo.

SOÑAR ES LUCHAR CON LA LUZ

"Para desarrollar completa y conscientemente la capacidad
de separar el cuerpo de luz de su cuerpo físico,
debe alimentarlo con su fuerza sexual".

Mientras me encuentro en medio del ensueño, sé que estoy bombardeado por un intenso haz de luz. Es una luz que no deja sombras, porque no hay nada que se interponga entre la luz y yo. Hay sólo luz – un campo infinito de luz que se extiende en todas las direcciones. En cualquier momento que me encuentro en cualquier tipo de sueño – cualquier tipo de experiencia – estoy en el medio de este vasto campo de luz. La luz, intensa, con un silencio ruidoso, es tan devastadora que no puedo permanecer como mí mismo en su presencia. Tan intensa es esta luz, que empiezo a olvidar, incluso, que soy.

Este punto de consciencia, que parezco estar siempre llamando "Yo", comienza a disolverse, y me parece entrar en un estado de olvido, de no ser.

Ahí estaba, la descubrí hace mucho tiempo, una forma de protegerme de la intensidad de esta luz implacable – una barrera entre la luz cegadora y yo. No es una barrera sino un pellizco de imaginación – una interpretación de la luz, una manera de procesarla. La separo en ondas de luz más lentas, como un prisma descompone la luz del sol en un arco iris. Esta luz que me rodea se divide en una corriente sin fin de sueños y experiencias. Desglosada, esta luz se vuelve de color. Toma forma. Desglosada, se convierte en sonido y sensación. Se convierte en espacio y tiempo.

Toda experiencia, todo sonido, toda visión es, de alguna forma, el cómo estoy tratando con este campo infinito de luz. Es completamente irrelevante si llamo a esta experiencia sueño, si la llamo vida, si la llamo tragedia, si la llamo experiencia. Es completamente irrelevante, porque, frente a la luz, todo lo demás es sombra. En cada caso, soy yo el que se encuentra en el centro de este mundo de mi creación, de este momento de experiencia. Yo experimento.

Entender la ecuación básica es empezar a comprender la tarea del soñador y empezar a entender que dominar el ensueño es dominar la vida, que dominar la experiencia es dominarse a sí mismo. No hay nadie creando esta experiencia para mí que no sea yo. Se trata de una lucha constante entre la luz y yo.

Sí creo este sueño por miedo, el miedo ha sido, entonces, no más que el mecanismo, la técnica por la cual estoy frente a esta Luz Clara. *Sí creo este sueño por la necesidad de la experiencia, entonces ese es el mecanismo del ensueño. Entonces, ¿Qué es dominar el ensueño? No es el poder cambiar esto o aquello en esta experiencia. Se trata, más bien, de ser capaz de mantenerse a sí mismo, de abrirse a sí mismo, de cerrarse a mí mismo. Es poder dominarse a sí mismo, lo que quiere decir que estoy dominando mi propia percepción; que domino la forma en la que percibo la luz: sin miedo a nada, con indiferencia a lo que pueda pasarme.*

Porque, lo que soy es una sombra más creada para interponerse entre la luz y yo. Tener el suficiente dominio de mi ser, enfrentar la luz, creando así este sueño. Saber cómo hacer esto es saber cómo luchar con esto.

Dominar el ensueño es dominar el ser. Me encuentro en medio de un sueño, y me sueño en un cuerpo; me sueño en una experiencia; me sueño en una cámara, en un pasaje; me sueño en una vida. ¿Qué beneficio podría obtener con un simple cambio de experiencia? ¿Se lo debo a dominar el momento, ir más allá de simplemente cambiar la experiencia y aprender a dominar ese aparato perceptual, que, aquí en el reino de los humanos, llamamos sistema nervioso, cerebro, mente... pero que, en realidad, es sólo esta expresión externa soñada de la percepción misma? ¿Quién es el gran mago que hace que el cielo sea azul y el césped verde?

¿Acaso no soy yo quien lo percibe? ¿Qué es azul y verde sin la percepción del color? ¿Qué es el sonido, sin oír el mismo? ¿Qué es, entonces, la vida, si no la vivo? ¿Qué es el sueño si no es el ensueño?

El cómo obtener este dominio es cuestión de percepción. Es cuestión de eliminar todas las sombras y confusiones que provienen de los sueños, de experimentar. Solté todo lo que parece estar afectándome externamente, y puse toda mi atención en cómo lo estoy percibiendo.

Resista la tentación de modular su experiencia. En su lugar, encuentre eso que está creando la experiencia. En el medio de un sueño, encuentre al soñador. En el medio de la vida, encuentre el ser.

Es cuestión de cazarse a sí mismo. Es profundizar en el que percibe, en el que existe. Después de un tiempo, usted va a caer en la cuenta que todo lo que note, que todo lo que está viviendo, sea cual sea la experiencia que está inventando sobre sí mismo, es también un sueño sobre sí mismo. Si usted experimenta dolor, sufrimiento, felicidad, aclaración o liberación, todo lo que puede experimentar es un sueño. Incluso cazarse a sí mismo, acecharse a sí mismo, hallarse a sí mismo y dominarse a sí mismo es un sueño. No es nada más que el ser rodeado de una extensión infinita de la luz — nada que no se haya experimentado, nuevo, sin nacer.

La clave del ensueño es la clave de la existencia: el dominar la percepción.

Encuentre al soñador. Busque cómo usted crea el sueño. Conózcase en un vasto campo de luz en la extensión infinita sin identidad, sin nombre, sin ninguna experiencia; conociendo muy bien que todo lo que sueña, todo lo que le parece vivir, tan sólo está recreando la sombra de sus encuentros con la luz.

Usted no es más que el intérprete entre su percepción y la luz. Cada sueño y experiencia es una interpretación. Cómo piensa en ello, cómo lo percibe, cómo reacciona, es la clave para dominar su sueño. Si usted salta a tratar de cambiar su sueño, perderá el hecho de que ya está creando un sueño, y ese sueño le da datos significantes. Este es el sueño que usted ha creado. Busque el centro de ese sueño. Entienda cómo luchar con la gran luz. Ya sea que sueñe un sueño con una gran experiencia, o simplemente sueña con una piedra, con oscuridad, con desesperación, con separación, con el amor o con la iluminación... lo que sea que está soñando, utilícelo, véalo, tóquelo. Sepa lo que está creando y pregúntese: ¿Cómo lo estoy creando? No se conteste con la mente. Eso es sólo un sueño del idioma. Más bien, tóquelo, escúchelo, siéntalo, no mañana, ni la semana que viene, sólo ahora. Siéntalo. Mírelo. Huélalo. Entienda que todas estas experiencias son sólo sus luchas con la luz.

Cuando lo encuentre, se dará cuenta de que siempre ha sido usted soñando; que el universo entero es el sueño de un ser y sólo un ser; que usted ha estado durmiendo y despertando dentro de un sueño, y que nunca ha estado realmente despierto porque no hay nada fuera de usted mismo; usted ha estado soñando sueños de la vida y la muerte, de la evolución, de la reencarnación, de los dioses y de los demonios y de las guerras, un sueño de evolución y liberación; usted ha estado soñando todo este tiempo; y que no hay sino capas de sueños. Y que lo único más allá del propio sueño es la nada, pura y sin mancha – sólo el sonido silente de lo eterno. Su lucha con este vacío eterno crea reverberaciones de sombras y experiencias. Eso es todo lo que usted ha estado experimentando. Nunca ha habido ningún otro soñador. No ha habido nunca, nunca, ningún otro soñador. No importa cómo cambie o modifique la ilusión; lo que siempre queda es el hecho de que usted es el dueño de su percepción, y no puede evitar la verdad del asunto.

EL OTRO YO

"La bestia del ensueño es todo lo que usted no es.
Y todo lo que usted no es, es su otra mitad.
El grado en que usted conoce y
percibe a la bestia está directamente
relacionado con el grado en que
usted se conoce a sí mismo".

Al nacer, para que su cuerpo físico adquiera una forma, una criatura de luz y sombra se fusiona a su cuerpo—-una forma de energía con sus propios pensamientos, sentimientos, gustos, y disgustos. Va donde quiera que usted vaya y se mueve cuando usted se mueve. Tan pronto nace, usted toma la forma de su cuerpo. Si mueve su mano, su mano se mueve con usted. Si llora, experimenta el llanto. Si habla, su boca se mueve. Oye el sonido de su voz. Siente la vibración del sonido y el aire fluyendo a través de su pecho. Está presente en cada micro expresión de su rostro, cada contracción de sus músculos. Está ahí, en la cama, cuando usted duerme, cuando sueña. Se agita cuando usted se agita. Y todo se dirige a usted, se dirige a él. Oye todo. Ve todo lo que usted ve. Escucha sus pensamientos, los más íntimos.

Ha estado donde usted ha estado y toca, lo que usted toca. Cuando usted sufre, ella siente el dolor. En esta criatura de luz y sombra, todo lo que usted experimenta y hace y presencia, se registra. Se impregna con toda la experiencia de este curso de la vida desde el momento en que nace. **Es el Otro Yo.** Pero así como escucha sus pensamientos y se mueve mientras usted se mueve, también piensa sus propios pensamientos. Tiene sus propios deseos, sus propios gustos y disgustos, y mientras escucha sus pensamientos, escucha también sus propios pensamientos. Cada pensamiento que viene del Otro Yo, se oye como su propia voz. Usted lo oye en el interior, como un susurro.

99

Puede pedirle hacer cosas; puede aconsejarle ir aquí y no allá. Puede decirle que tome una cuerda, que la cuelgue de una viga en su casa y se ahorque. Puede susurrarle en su cabeza que su vida no vale nada, que sería mejor si estuviera muerto, que el sufrimiento es demasiado. Podría pedirle, inducirle, engañarle para que beba, rompiendo sus juramentos y promesas. Puede guiarle a un tesoro escondido. Puede guiarle a una escuela esotérica y una Enseñanza. Puede llevarle a las alturas de la realización espiritual, o arrastrarle a las peores pesadillas infernales. Cada vez que usted escuche sus pensamientos como si fueran suyos, es el Otro Yo. *El secreto del Otro Yo es que está hecho de materia astral, ganas de cambios emocionales y trastornos, es impresionable por criaturas invisibles y la magia.*

El Otro Yo es el Yo del ensueño.

Mientras su cuerpo yace en la cama y su consciente se disuelve en ese estado sin sueños, el Otro Yo puede separarse un poco de usted. A pesar de que conserva su forma y, en cierta medida, su identidad, se mueve en las tierras del ensueño. Tendrá experiencias que no siempre puede tener un cuerpo físico. Se mueve. Habla. Piensa. Y a medida que se mueve y habla y piensa, duerme. Se despierta con el recuerdo de haber hecho y hablado y pensado. Usted dice que se soñó en esta sala, con estas personas. Usted dice, "tuve un sueño", y el sueño que tuvo fue la experiencia del Otro Yo. El sueño que tuvo es la vida del Otro Yo; pero usted es inseparable de su ser del ensueño, incluso mientras avanza en su propio mundo y su aventura y está acostado en la cama en su cuerpo físico. El cuerpo físico está soñando el ser del ensueño. Nada le ocurre al ser del ensueño. No se puede matar. No puede ser dañado (no la mayoría de las veces – algunas veces, pero no la mayoría). Porque, cuando el sueño se termina y la tierra del sueño desaparece, toda luz – que es una proyección del encuentro de usted mismo con la Bestia – simplemente se retira a la forma que le ofrece esta vida. Entonces, se despierta y sigue el día, y va y habla y piensa. *Mientras usted va y habla y piensa, su ser del ensueño va, habla y piensa. En este sentido, se dice que usted sueña su ser del ensueño y que su ser del ensueño le sueña a usted. Su vida es el sueño del Otro Yo, así como sus sueños son la vida del Otro Yo.*

Entonces, cuando algo le sucede a su cuerpo, cualquier sufrimiento, e incluso el final de la vida misma, no dañan al Otro Yo. Entonces, cualquiera que sea la forma que adopte, su consciencia simplemente se remonta a la tierra del ensueño y el Otro Yo despierta cuando usted despierte. El Otro Yo está con usted. ¡Ahora! El Otro Yo está escuchando cada palabra, cada murmullo, cada crujido y cada sentimentalismo. Escucha cada susurro de sus pensamientos. Toma la forma de su mano y hombros, de su cabeza. Mira donde sus ojos miran. Está aquí, leyendo estas palabras. Si usted es testigo de un Hablado, usted verá que mi ser del ensueño habla a través de mí, que narra la historia de las tierras del ensueño, comunicándose de mi Otro Yo a su Otro Yo, mientras que el cuerpo físico está pasivo, descansando, soñando, recibiendo todas las impresiones.

Hay momentos (¿o no?) en que soñamos y hacemos cosas en ese sueño que nos hacen pensar, "Yo no haría esto al estar despierto." Sin embargo, ahí estamos, haciéndolo en las tierras del sueño. "No era yo", quizás diga. "Es el ser del ensueño."

Sin embargo, hay veces en nuestra vida cotidiana, al estar despiertos, donde entramos a un estado onírico, y el ser del ensueño se hace cargo y hace cosas que no recuerda haber hecho. Cosas que "no haría" al estar despierto.

¿No ve usted que lo mismo sucede en esos raros momentos en que está soñando y alcanza la lucidez? Ese es un momento en que su ser despierto se hace cargo del cuerpo del sueño. Luego, hace las cosas que el cuerpo de sueño no haría. Usted se mueve a través del ser del ensueño y luego piensa a través del ser del ensueño. Usted dirige y vive el sueño del ser del ensueño.

Hay otra cara de la moneda; otro aspecto del estar lúcido en un sueño. Es cuando el ser del ensueño está lúcido en su vida diaria, y luego el ser del ensueño siente el impulso de bombear sangre en este cuerpo y las corrientes eléctricas llevan electricidad a través de todo su ser. Usted puede ver a través de sus ojos. Puede experimentar un momento de la vida orgánica, y hacerse cargo de las acciones y decisiones de este ser. La contraparte del sueño lúcido es el estar despiertos inconscientemente, cuando ya no está en control de su experiencia, cuando lo dio todo al ser del ensueño. Puede haber colocado maliciosamente sus llaves, donde sabía que no las dejó o decir palabras que no recuerda haber dicho. O, tal vez, ha controlado, totalmente, días y semanas sin que usted esté presente.

ATENCIÓN

Tenga cuidado con el sueño lúcido en su totalidad. Sin la participación del Otro Yo, eso simplemente significa que el Otro Yo estaba inconsciente en su propia vida. Tenga cuidado de no entrar en una guerra con su propio ser. No trate de eliminarlo; usted debe conocerlo, controlarlo. Usted debe impregnarle el deseo de lograr el propósito de su encarnación de modo que sea posible guiar los tesoros ocultos, a través de aventuras y calabozos; de modo que podría ir a las cámaras que necesita visitar; por lo que puede conectarle con la gente que necesita saber. Una asociación como la asociación entre un hombre y su caballo — una experiencia conjunta de todo lo que pasa el ser.

Con suficiente dominio sobre el Otro Yo, usted aprende a moverse en el ensueño a voluntad. Usted crea un recipiente, una forma. Usted habita este recipiente y esta forma creada con el cuerpo del Otro Yo. Dirija su consciencia a este recipiente de sueños y muévase alrededor de otros reinos y otros mundos. Ascienda niveles, hasta el mundo espiritual y el mundo astral y el mundo etérico, hasta el plano mental y el plano búdico y otros planos transcendentales, hasta que pueda realizar grandes hazañas en el ensueño. Puede también, si tal es su lote, traer el sueño mismo al estado de vigilia, y moverse como si estuviera en un sueño, convirtiéndose en una sombra, volverse invisible y atravesar paredes y deslizarse y crecer a voluntad, o desaparecer. Porque todo lo que es posible en un sueño también es posible al estar despierto, siempre y cuando tenga el vehículo adecuado para ello.

El peligro de esta existencia dual es cuando su voluntad se divide en dos y lo que usted quiere no es lo que el Otro Yo quiere. Usted no ha podido dirigir al Otro Yo según su voluntad real. Entonces, hay una batalla interna en el curso de la vida. Pero si usted logra controlar esto y crear una unión entre los dos, todas las formas de experiencia y conocimiento son posibles para usted.

Entonces, lo que el Otro Yo hace, usted lo sabe y, lo que usted hace, él lo sabe. Todo vuelve a ser igual que estaba antes de que hubiera alguna separación entre el ser del ensueño y su ser al estar despierto. Si se las arregla para despertar cuando usted está despierto, si llega a ser lúcido, sin ir a dormir, entonces ambos oirán, y estarán de acuerdo con dicha acción en una sola mente; entonces su vida al estar despierto se convierte en su vida ideal. Usted se sienta con la gente. Se mueve. Va a trabajar. Usted conduce su auto y sueña, y el sueño es tan vivo y claro como el sol. Es como la luz, el sonido, nítido y claro como el mundo. Pero usted vive en dos lugares a la vez, y es posible que deambule, sin saber si está aquí o allá. O bien, puede darse cuenta de que estaba justo ahora en este momento haciendo otra cosa en un lugar diferente. Lo que ha hecho no parecerá tan real y claro como su entorno actual. Y lo mismo podría sucederle en un sueño, en el que está seguro de que está despierto, pero es un sueño. O está despierto y cree que está soñando debido a los movimientos de las aguas astrales, las sombras, las cosas extrañas alrededor. Por un momento, es desconcertante no saber dónde se encuentra y lo que es. Si usted va más allá de esto, hay unidad, poder y claridad. Si se asusta en este punto, volverá a un lugar sin poder, sin sueños. Buscará lo ordinario, y tratará de aferrarse a su vida ordinaria y nunca la dejará ir.

Dominar el ensueño es ser un guerrero consciente al estar despierto y al soñar. Es saber comunicarse y someter a los dos mismos a la voluntad de su verdadero ser – la cual no son dos, sino una. Por que, si estamos durmiendo y despiertos, toda experiencia es un sueño del absoluto. Toda experiencia que le parezca estar teniendo – estando despierto o dormido, sigue siendo un sueño. El viajero, el silencioso centro de la luz sin dimensiones, siempre está percibiendo, soñando. Ese observador no está dividido. No es de los sueños ni del estar despiertos, sino de arriba. Sólo pertenece al que puede dominar el estar despierto y los sueños.

Busque, entonces, el verdadero ser. Es la llave a la maestría. Allí, en esa maestría, está la clave del ensueño y, en el ensueño está la clave de la existencia.

LA FLOR DORADA

"Entender la ecuación básica es empezar a
comprender la tarea del soñador y empezar a
entender que dominar el ensueño es dominar la vida,
que dominar la experiencia es dominarse a sí mismo.
No hay nadie creando esta experiencia para mí que no sea yo.
Se trata de una lucha constante entre la luz y yo"

Cuando se pronuncia una palabra, hay un momento de silencio antes de esa palabra y un momento de silencio después de esa palabra. Entre silencio y silencio, algo nace. Algo se mueve. Algo muere. Así como, antes de la vida y después de la vida, hay un océano de silencio. El tiempo de vida es sólo una isla existente entre sueño y sueño. Por lo que un sueño, cualquier sueño, existe como una isla entre sueño y sueño. No tiene mucho sentido pedir más tiempo, porque cada vida, al igual que los sueños, dura exactamente el tiempo que debe durar. Cada vida tiene un principio, un desarrollo y un final. Esa es la duración de la vida. Desde la perspectiva de lo eterno, no contamos en minutos, años o eones. Contamos principios, mitades y finales.

En medio de la isla de la experiencia está el vasto océano de lo desconocido. Así como el principio de una palabra es un misterio y su final desconocido, el comienzo de una vida es la falta de memoria y su fin un misterio. Así comienza cada sueño después de un momento de no ser. Después del sueño, otro silencio.

Pero, *¿qué es este espacio que tiene consciencia? ¿Qué es este espacio, esta isla de experiencia? ¿Qué la sostiene?* En cierto modo, no es una secuencia en el tiempo. La secuencia en el tiempo es lo que experimentamos mientras nos movemos a través de esta isla de la consciencia, pero desde la perspectiva de lo eterno, todo está sucediendo al mismo tiempo. Un momento de experiencia no sigue otro en una línea secuencial. Por el contrario, se abre como los pétalos de una flor. Cada momento de la existencia y cada momento del ensueño se abre y se despliega a partir de sí. Desde la perspectiva de lo eterno no hay mitad, principio y fin. Hay un despliegue, siempre ocurriendo en el mismo lugar.

Aquellos de nosotros que no vivimos en los sueños, sino en las tierras sin ocurrencias y sin experiencias, vemos la isla del Tonal – este momento de experiencia llamada sueño, vida, palabra, historia – como una flor. Esta flor es un tipo especial de flor, que crece en este jardín de la eternidad oscura. Es una flor con un color específico, con un aroma único y un sonido inconfundible. El color de la flor es dorado. Comienza con una pequeña mancha, un punto, una pequeña impureza en la inmensidad del silencio oscuro al igual que la luz de una estrella en la noche infinita. Comienza con esa pequeña luz dorada, y florece – abriendo sus pétalos, alejándose del centro.

Si usted la mira con mente silenciosa y no se deja llevar por el contenido de sus pensamientos, y no se deja llevar por la calidad de su experiencia – si usted es capaz de mirar cualquier experiencia, cualquier vida, cualquier sueño desde el exterior, desde la torre de la eternidad – usted puede ver esta flor dorada. Moviéndose o estática, no importa; su color es dorado. Si se fija bien en esta flor cuyo aroma es atronador, como la reverberación que crea el universo, verá el matiz de su color. Verá la textura de sus pétalos. *Si usted puede ver la flor dorada del ensueño, tendrá el secreto detrás del ensueño. Está ahora, aquí, delante de usted.* Esa rosa dorada, impregna el espacio, sus pétalos amarillos están en todas partes del espacio. Está en su textura. Su movimiento y sus ondas provocan una perturbación en el silencio de la mente, dando la ilusión de que algo sucede. Porque, como bien sabe, cualquier sueño es una imperfección al dormir, al igual que la mente es una imperfección de la consciencia.

La rosa amarilla con sus pétalos dorados contiene la totalidad del ensueño. Contiene todas las posibilidades de la experiencia. Sólo puede ser vista desde arriba, desde el paisaje eterno de la oscuridad, de ese lugar que no tiene "yo", sin movimiento, y ninguna mente.

Su primera y única impresión es la rosa amarilla con sus pétalos únicos, su aroma único de la creación del trueno, el sonido del zumbido que todo lo penetra. *Para entrar con éxito en el secreto detrás del ensueño, busque la rosa amarilla. Véala en su mente. Ábrala. Abra las puertas de su cabeza y permita que sus pétalos desplieguen su luz dorada, fluyendo hacia abajo y llenando su consciencia con la visión de la rosa y sus pétalos. Una vez que lo vea, lo sabrá. Una vez que lo sepa, sabrá el secreto detrás del ensueño.*

Una vez que obtenga la visión de la flor dorada, todas las formas de experiencia – ya sea toda una vida o un sueño –estarán totalmente accesibles para su consciencia.

Le digo esto exactamente como es. No hay metáforas. No hay engaños. No hay imagen detrás de estas palabras. Vea la luz de color dorado en sus pétalos desplegándose. Vea la flor del ensueño. Si la ve, es suya.

Cada palabra que le digo ahora emana de esta rosa amarilla. Cada palabra nace, existe y muere como el despliegue de esta rosa. No hay nadie que narre esta historia. Se despliega. Se cuenta a sí mismo. Se oye, se vive y se experimenta. Luego se va y se muere, y el único en verla es un "yo", un observador sin perspectiva, sin cambios, sin nombre – sólo un único punto de observación en la gran noche de la eternidad.

Este "yo" ve la rosa amarilla, obtiene la visión de sus pétalos dorados y se conoce a sí mismo como el centro de la rosa, como un punto de consciencia en el vasto océano de la eternidad. Se conoce a sí mismo como el centro de la rosa, y sabe que la rosa es realmente la visión de su propio entorno. Y, por lo tanto, el sueño comienza y se desarrolla, se mueve y se muere y vuelve a nacer en un interminable despliegue de experiencias. Por lo tanto, la isla del Tonal y la vida y el sueño van y vienen, y nunca, nunca, nunca se terminan, porque nunca estuvo en otra parte; porque es, en su centro, "yo", y en su circunferencia, lo vasto.

EL IR

"… se dará cuenta de que siempre ha sido usted soñando"

A veces me pregunto cuánto tiempo he estado aquí. Sentado en este espacio, con los olores de incienso y humo. La vela encendida de miel, dulce. Por cuánto tiempo realmente he estado detrás de esta cortina de luz, rodeado de oscuridad por todas partes. ¿Cuánto tiempo han estado estas luces violeta mirándome como los dos ojos de una enorme bestia? ¿Cuánto tiempo lleva el aroma del café y el arder de las luces hasta mí? No fue hace tanto tiempo, no creo, que mis ojos se hayan cerrado y el mundo no existiera. No fue hace mucho tiempo, creo, que ningún pensamiento cruzaba el paisaje de la consciencia. Ninguna mente fue perturbada. Puesto que ningún evento ocurrió después de cualquier otro evento, un momento en la eternidad es sin fin e instantáneo. Tomó una ligera perturbación – un llamado – para que abriera los ojos y viera la luz humeante delante de mí. Siluetas de sombras.

Puesto que me encuentro aquí y veo algo que me mira, comienzo a sentir, alrededor de mí, un cuerpo, una presencia física, algo más o menos hecho de forma en el tiempo. El movimiento se sintió – pasando la luz y las sombras. Después de un tiempo, me pregunto si yo siempre he estado aquí, si siempre me he estado preguntando cuánto tiempo he estado aquí. Podría nombrarme con mil y un nombres. Podría echarme en una de las sombras innumerables que aparecen delante de mí en ese momento de la silente no existencia.

Siento que me rodea esa oscuridad profunda. Realmente no puedo percibir esa oscuridad – es más como un sentimiento al borde de mi detección. Sin embargo, debo confesar, que veo oscuridad a lo largo, tocando todo. Pero, ¿cómo puede ser cierta la oscuridad si puedo verla? Una obra de teatro, una sombra de la luz y sonido es realmente lo que percibo.

Este juego de sombras no es la luz cegadora de la consciencia pura ni la oscuridad al abismo de la muerte silenciosa. Esta experiencia parece no tener fin. Porque, no importa cuántas veces me parezca disolverme, sigo volviendo a este momento, a este espacio en el que me parece estar experimentando algo. Sin embargo, nada parece pasarme. Estoy, por lo tanto, en medio del ensueño. Yo soy el soñador que se da cuenta que no es más que una mota de imaginación – una pequeña partícula de polvo en la mente de una cama eterna. Ese El-que-duerme, el Dios que duerme, está a un pequeño momento de casi despertarse, y en ese despertar da a luz a mí y a este palacio de su creación. Me encuentro yendo entre los espacios, moviéndome alrededor. Incluso si me parece estar estáticamente sentado en un lugar, un momento tras otro me sigo moviendo, empujándome hacia adelante. Siempre moviéndome de instante a instante, de sueño a sueño. Sé que no soy tan real como el que es nadie y no despierta ni piensa ni experimenta ni sabe; simplemente absorbe lo que es. Sé que no soy tan real como lo que no es. Sin embargo, yo soy el ir. Y de aquí para allá, mi consciencia teje esta experiencia con la siguiente, este momento con el siguiente. Soy el Ir. Soy quien come sueños. Soy la percepción. Soy el centro de mi experiencia. Soy el soñador. Soy el ensueño. Soy la luz y la oscuridad. Soy el juego de sombras. La proyección de la oscuridad, la proyección de una luz – soy un espejo ahumado. Soy el Ir. Me muevo en el vasto océano rodeado por una burbuja de sombra. Soy el Ir. Me caigo y me muevo. Caigo y regreso. Nunca estoy estático, nunca en un solo lugar. No siempre estoy aquí, pues tan pronto creo que estoy a punto de verme, ya no estoy. Me busco a mí mismo y ya no estoy allí. Una pizca de sombra. Soy el Ir.

La silenciosa oscuridad penetra y penetra cada partícula de la existencia, y a través de la oscuridad del eterno ahora, se abre el habla silente y cegador. El silencio es roto por el silencio. El oscuro silencio está descompuesto por el silencio en el habla.

Siempre he estado aquí. Yo, el soñador, he existido desde el principio de los tiempos. He experimentado lo que cada soñador ha experimentado alguna vez. Lo que todo hombre, Dios, animal o piedra ha percibido: He soñado. *He existido desde el principio de los tiempos hasta el final de los tiempos. Voy a perdurar y existir hasta la muerte de la última llama de la última estrella. Por lo tanto, soy todos los hombres y ningún hombre. Por lo tanto, soy el soñador. Nunca en un solo lugar, soy el Ir. Nunca observando lo real, sólo sombras. Nunca la luz, sólo proyecciones de luz. Nunca la oscuridad, sólo las sombras de la luz. No soy ni la luz ni la oscuridad, porque no soy ninguna y, por lo tanto, soy todo. Soy el Ir. Soy un soñador.*

LAS TRES CLAVES

*"¿Qué es dominar el ensueño? No es el poder cambiar esto
o aquello en esta experiencia.
Se trata, más bien, de ser capaz de mantenerse a sí mismo,
de abrirse a sí mismo, de cerrarse a mí mismo.
Es poder dominarse a sí mismo,
lo que quiere decir que estoy dominando mi propia percepción;
que domino la forma en la que percibo la luz:
sin miedo a nada, con indiferencia a lo que va a pasarme"*

Como ser solar – uno de eterno despertar – se dificulta entender
cómo conciliar el sueño, como dejar de lado esta consciencia brillante eterna que no es sólo algo que uno ha adquirido. No es sólo
un miembro, una vestidura. Es este despertar eterno; no algo que
uno simplemente puede descartar, despegar, oscurecer. En efecto, es
la propia naturaleza de uno mismo. Es el núcleo de todo lo que uno
puede ser. Entonces, *¿cómo puede una consciencia solar – un Dios que
no duerme jamás – comprender el reposo oscuro, el abrazo de la noche?*

Entienda, también, que la duda de cómo dormir no es diferente,
para una entidad, que la duda de cómo morir. ¿Cómo puede el Dios
nonato eterno dar su vida? *¿Cómo renunciar a aquello que nunca ad-
quirió: su vida? ¿Cómo renunciar a lo que siempre fue?* Sin embargo,
para soñar, morir, encarnar, nacer, y dormir, es necesario conocer la
forma de morir y de dormir.

Si un manual fuese escrito para tal Dios, para dicha consciencia
eterna, inmutable, podría, tal vez, echar un vistazo a través de la
eternidad del espacio y el tiempo, y mirar de cerca a esa niña bailando en la hierba mojada, con su vestido – amarillo – elevándose
mientras gira. Esta pequeña niña bailando, con los brazos exten-
didos hacia el cielo. Mira hacia el cielo azul, el cual se convierte en
un disco de color azul luminoso, y el sol brilla en algún lugar fuera

del horizonte, proporcionando un horizonte de luz tan redondo y conmovedor como los bordes de su falda. Ella gira; y si este Dios de la consciencia eterna fuera a entrar en el alma de esta niña y dejarse llevar por su juego, llegaría a un punto desconocido para el silencio, pero claro para la bailarina – un punto en el que sí se detiene, se mueve el mundo y la magia de la Diosa se hace evidente. Por eso, tan pronto como se detiene su baile, el universo entero gira alrededor de ella como un ciclón desquiciado. Gira a su alrededor y le quita, en ese magnífico giro, su consciencia.

La brillantez de su identidad silenciosa se sintoniza con el impulso del universo que gira alrededor de ese centro de gravedad. En un desmayo, la niña sigue el juego y cae al suelo, con los brazos abiertos en señal de entrega eterna o de tierno abrazo. En este punto, la diferencia no está clara para nosotros. Pero ella cae, y en ese breve momento en que la identidad y el centro de la consciencia se sintonizan con el torbellino de la creación, la Diosa conoce la muerte. Durante un breve momento, duerme y sueña.

O, quizás se podría dirigir la atención de este Dios de lo eterno e implacable, de inmortal consciencia al alma de ese niño de doce años de edad que fue capturado hace tan sólo dos horas en la casa de su padre y llevado, junto con tres otros amigos, por las fuerzas de seguridad para ser ejecutados en esa casa. El pequeño niño de doce años está de rodillas junto a una tumba abierta. Uno de sus amigos ya está en esa tumba. El pequeño niño de doce años de edad, está de rodillas, mirando su futuro: esa calma, el cadáver descansando que solía ser su compañero de juegos, que se reía como los pitidos del tren, que jugaba bromas, que solía cantar y bailar, que le gustaba trepar los árboles y caerse, que tenía el calor único de su cuerpo. Ahora, no emite ningún calor, ni risas, ni sonidos, ni juega. Sin embargo, emite algo. Emite un tacto extremadamente sutil, ligero, casi frío – como el rocío que la naranja emite cuando se corta con un cuchillo. La sensación de ese rocío, en la cara tocando como una caricia que casi no sucedió. Esta respiración que emana del cuerpo del cadáver es tan sutil que no puede ser percibida claramente por los sentidos. Sin embargo, el plexo solar la percibe claramente. Con la impresión de esta emanación, el último soplo del cadáver toca el corazón de este pequeño niño de doce años de edad, a punto de ser ejecutado.

Hay un soldado detrás de él, y el soldado está apuntando con su arma al niño. El niño sabe que no puede escapar de este momento; que no puede rogar por su salida; que no puede ser educado, negociar, convencer, amenazar o por cualquier otro acto, cambiar el momento. Todo lo que hay, es el tacto frío de la muerte al frente y la dura presencia desconocida atrás. En ese momento, si Dios fuese a entrar en esa semilla, él elegiría la fuente de poder como los dioses siempre lo hacen, y sabría que existe el poder, en este momento, en el alma del niño de doce años de edad. Él habitaría en su alma. El percibiría la inmensidad del vacío detrás de su espalda. Dios sabría, que en su vigilia eterna, ha estado siempre rodeado de este eterno, inmóvil, intocable abismo detrás de él. Él conocería la naturaleza de la muerte, ya que detrás, ese desconocido, como este helado vacío, se llena de todas las posibilidades. Él entonces se sentiría entregado a ese momento, sin embargo, estaría muy consciente de la amenaza de la muerte atrás; la oscuridad del vacío, convirtiéndose en alas para el alma de este cuerpo. Ya no es una amenaza, sólo hay una apertura innegable detrás, y él se rinde. Él se rinde no ante lo que está sucediéndole a su cuerpo. Se rinde a detectar este vacío abierto detrás de su espalda. Y de esta manera, este Dios de la consciencia eterna puede venir a ver lo que los mortales enfrentan cada noche cuando nos quedamos dormidos y permitimos que nuestra consciencia se rinda a ese eterno abrazo oscuro del sueño.

O tal vez podría llegar a la azotea de una casa y ver a este hombre que ha ingerido drogas, que está mirando el cielo nocturno y ve los valles y montañas, los ríos y océanos en un espacio oscuro por encima de él. Llega a ver el vacío infinito del cielo nocturno como un extraño paisaje terrible, que existe fuera de la tangible materia – existe, ni solo dentro de la imaginación de persona alguna.

Es algo que está claramente allí, imperceptible, incomprensible, sin conceptualizarse, sin tocarse, nunca antes visto, nunca concebido, sin embargo, es evidente que está ahí. Algo en este hombre, que ha ingerido drogas, puede tocar la inmensidad del vacío. Si este fuera el Dios de la consciencia eterna entraría al alma de este hombre, vendría a abrirle los ojos y ver su casa. Al ver su casa, se sentiría como si estuviera mirándose en un espejo y se tiraría a su propia imagen. Este hombre, sentado en el techo de su casa, se encontraría siendo halado por el plexo solar como las mareas del océano son haladas hacia arriba a través de este vacío. Se sentiría como si estuviera a punto de caer. Se agarraría con las uñas de los bordes del centro, en su desesperación de retener el mundo que él conocía, en el momento exacto en el que se da cuenta de que el mundo nunca será el mismo de nuevo. En este momento de cambio entre el "ser" y "no ser", Dios conoce su propia imagen reflejada en el espejo. Con ese interruptor llega la muerte, su propia negación.

*A través de la ligereza dentro del vacío y su imagen en el espejo, la entrega con la que se hunde en el agua, allí está la clave para moverse entre un sueño y otro, entre una eternidad y una experiencia. Y allí, en la percepción del espacio situado detrás de nuestra espalda, está el poder de conocerse a uno mismo y olvidarse de uno mismo. Y allí, en el torbellino y sifón del centro de la experiencia, está la clave entre el poder absoluto y la entrega absoluta. **En estas tres claves, toda experiencia puede obtenerse, cada sueño visitarse y cada estado de consciencia conquistarse.***

SOBRE EL AUTOR

Koyote the Blind (alias Ricardo Isaac Flores) es un escritor salvadoreño parte de la diáspora que en los años de la guerra emigró a los EEUU.

Koyote comenzó su entrenamiento en El Salvador, conde los sueños revolucionarios de un mundo bueno y justo enmarcaron sus aspiraciones espirituales. Durante su adolescencia, estudió con los jesuitas y trabajó como voluntario facilitando un programa de alfabetización para niños refugiados de la guerra, al mismo tiempo que inició us camino en el yoga tántrico y la magia occidental.

En 1985, Koyote huyó de la persecución hacia los EEUU, donde obtuvo el asilo político y, eventualmente, su ciudadanía doble. Ahí formó una familia y obtuvo diploma universitario en filosofía en la Universidad de Santa Clara y el postgrado ciencias cognoscitivas en UCSD. En la década de los 90, fue iniciado en Kriya Yoga y el Astro Argon. Fue a mediados de esta década cuando Koyote conoció e inició su entrenamiento con su benefactor tolteca, el tata Teczaqui Güitame Cachora.

Koyote ha desarrollado el arte místico poético llamado The Telling, y ha escrito varios libros sobre la magia, la toltequidad, el misticismo, y el camino del infinito.

INFORMATIÓN DE CONTACTO

Vea otros libros de Koyote en Amazon: www.amazon.com/author/koyote
Visite la página de internet: www.koyotetheblind.com

Para más información sobre pasarelas de conciencia clásicas y una lista de publicaciones actuales, contacte con:

Gateways Books and Tapes
P.O. Box 370
Nevada City, CA 95959-0370
(USA)
www.gatewaysbooksandtapes.com
www.idhhb.com
email: info@gatewaysbooksandtapes.com
phone: (530) 271-2239 or
(in the U.S. and Canada) (800) 869-0658